평 신 도 양 육 교 재

Life Following Jesus

인도자용

KB205997

세상을 회복하는 삶

평신도 양육교재

예수를 따르는 삶

세상을 회복하는 삶

발행일 : 초판 1쇄 인쇄 2008년 10월 24일
　　　　　개정판 1쇄 인쇄 2014년 3월 14일
발행인 : 우순태
편집인 : 유윤종
책임편집 : 강신덕
기획/편집 : 전영욱, 강영아
디자인/일러스트 : 최동호, 권미경, 오인표
홍보/마케팅 : 강형규, 박지훈
행정지원 : 조미정, 신지현

펴낸곳 : 도서출판 사랑마루
　　　　　서울시 강남구 테헤란로 64길 17(대치동)
대표전화 : TEL (02) 3459-1051~2/ FAX (02) 3459-1070
홈페이지 : http://www.eholynet.org, http://www.ibcm.kr
등록 : 2011년 1월 17일 등록번호/ 제2011-000013호
값은 뒷표지에 있습니다. 잘못된 책은 구입하신 곳에서 교환해 드립니다.
ISBN : 978-89-7591-319-8　04230

Contents

평신도 양육교재 **예수를 따르는 삶**

■ 교육과정개발 : 남은경

■ 교재집필 : 강병오 박문수

■ 교재개정 : 박향숙

평신도 양육교재
예수를 따르는 삶
Life Following Jesus

발간사

평신도는 단지 예배 참석자가 아닙니다. 평신도는 목회의 동역자입니다. 평신도가 예수님의 제자로 세움을 입어서 주님의 명령(마 28:18-20)대로 가르쳐 지키게 하는 사명을 감당해야 합니다. 평신도들이 사역의 주체가 될 때, 아름다운 주님의 교회가 세워지고 하나님의 나라가 확장될 것입니다.

교단창립 100주년 교육사업의 일환으로 성결교회 평신도 제자화 교육과정을 개발하고 4종류의 교재를 만들었습니다. 그것은 '새신자교재→세례교재→양육교재→사역교재' 입니다. 교회에 처음 나온 새신자도 반드시 사역자로 양성하겠다는 의지가 담겨있는 시리즈 교재입니다. 이 교재에 담겨있는 핵심 키워드는 '구원→믿음→생활→사역' 입니다.

성결교회의 모든 신자들은 하나님의 은혜로 구원받아 온전한 믿음을 가지고 삶이 변화되어 주님의 사역자로 세움을 입어야 합니다. 교회에서는 새신자들이 새신자교육과 세례교육을 언제든지 받아서 온전한 신앙을 형성할 수 있도록 도와야 합니다. 그리고 양육과 사역교재를 통하여 평신도 사역자를 키워야 합니다. 만약 신앙연수가 오래되었지만 신앙이 성숙치 못한 신자가 있다면, 양육교재와 사역교재를 통하여 건강한 사역자로 세움을 입을 수 있을 것입니다.

성결교회의 새로운 100년을 맞이하면서 목회현장에 실제적으로 도움이 될 교재가 개발된 것은 참으로 기쁘고 감사한 일입니다. 앞으로 평신도들이 주님의 몸 된 교회의 주체가 되고, 역사의 책임 있는 존재가 될 수 있도록 돕는 교재들이 지속적으로 개발될 것입니다. 아름다운 주님의 비전을 꿈꾸며 새 역사의 주인공이 됩시다.

기독교대한성결교회 총무 우순태 목사

일러두기

성숙한 신앙인으로 양육하기

   성숙한 신앙인은 세상 사람들의 눈으로 보기엔 불편하게 사는 사람일 것이다. '주님이 원하시는 삶은 어떤 것일까?' '주님은 이럴 때 어떤 결정을 내리실까?' '내가 진정한 주님의 제자라면 어떻게 행동해야 할까?' 라는 고민을 가지고 사물을 대하고 세상을 살아가기 때문이다. 하지만 궁극적으로는 세상에 대한 이러한 질문, 그리고 그 대답에 따라 불편하더라도 당당하게 살아나갈 때, 우리는 참다운 기쁨이 넘치는 삶을 살 수 있다는 것을 잘 알고 있다. 모든 성결교인들이 이러한 기쁨을 누리며 살기를 바란다. 이를 위하여 양육교재가 도움이 되기를 바라며, 몇 가지 사항을 일러두고자 한다.

   첫째, 본 교재는 성인 양육을 위한 교재이다. 여기에서 성인은 법적으로, 사회적으로, 경제적으로 자립할 수 있는 사람이며, 생물학적으로 아이를 가질 수 있는 육체적으로 성숙한 사람이며, 심리학적으로 청년기를 지나고 삶의 특별한 과정을 경험한 사람이며, 교육적으로 그가 속한 사회와 문화가 마련한 어느 정도의 학교 교육을 성취한 사람이다. 또한 신앙인으로서 자신의 생애를 통하여 삶의 스타일(life style)을 형성해 가는 존재이며, 영적으로 성장 발달해 가는 존재이다.

   둘째, 본 교재는 평신도를 위한 교재이다. 대부분의 내용은 일상생활에서 겪을 만한 상황이나 생각해 보아야 할 만한 주제와 내용을 담고 있다. 여기서 평신도의 의미는 단순히 교회의 구성원 중에서 평범한 사람을 의미하는 것이 아니라 교회의 대부분을 차지하는 구성원으로서 주님의 자녀이며, 제자이고, 교회를 교회되게 이끌어 가야하는 각 지체를 의미한다. 따라서 이 양육의 과정을 통하여 평신도는 더욱 성장하여 목회의 동역자로서 하나님께서 허락하신 사역의 한 부분을 감당할 수 있도록 성숙하여야 한다. 이 교재를 잘 마친다면 교회에서는 집사나 구역장 등의 역할을 맡겨도 될 정도의 훈련이 이루어질 것이다.

   셋째, 본 교재 교육과정의 내용 범위는 교단의 사중복음을 서울신학대학교 성결교회신학연구회가 이 시대의 언어로 표현한 '생명', '사랑', '회복', '공의'의 신학적 설명으로 한다. 그래서 이제까지 성결교회의 교육이 개인의 영혼 구원과 개인적 삶에 있어서의 성결에 집중하였다면, 이제는 사회의 보편 가치들에 대한 복음적 시각을 갖는 데까지 교육의 목표와 장(場)을 확대하고자 한다. 그래서 생활의 모든 영역에서 구체적인 문제와 사회적, 문화적, 윤리적, 정치적, 생태적 차원까지 다루고 있다.

넷째, 이 교재는 단순히 읽기용 책이나 답을 달기 위한 성경공부 교재가 아니라 모임의 참가자들이 함께 각 주제에 따라 고민하고, 결단하고, 실천하는 워크숍 교재에 가깝다. 따라서 참가자의 답 달기와 인도자의 답 해설에 의존하는 다소 구태의연한 성경공부 교재가 아니라 함께 목적을 위하여 삶을 연습해 가는 안내서이다. 이 교재를 바탕으로 서로 격려하고, 섬김을 베풀고, 감사를 표현하는 과정을 통해 더욱 풍성한 하나님의 은혜를 누리게 될 것이다.

이러한 본 교재를 가지고 모임을 인도하게 될 인도자는 비록 목회자이거나 지도자라고 할지라도 무엇인가 지식을 가르치려고만 노력하는 것은 바람직하지 않다. 물론이 과정을 잘 인도하기 위해서 본 교재의 각 과가 이루고자 하는 목표와 그에 따르는 내용들에 대해서는 철저하고 꼼꼼하게 준비해야겠지만 자신이 깨달은 바를 참가자들도 스스로 깨달을 수 있도록 인도해야 한다. 뿐만 아니라 인도자와 학습자간의 나눔을 통해서 서로의 은혜가 더욱 풍성해 질 수 있도록 배려해야 한다.

이 교재를 통해 자신의 영적인 성숙을 기대하는 학습자들은 단순히 성경의 지식을 더 얻겠다는 정도의 생각으로 임하거나, 성경에서 답을 찾아 빈칸을 채우는 다소 수동적인 자세만을 보이는 것은 바람직하지 않다. 자신의 경험과 생각을 함께 나누고 인도자의 답을 기다리기 전에 먼저 고민하고 성경의 의미를 깨닫기 위해 노력해야 한다. 그리고 결국에는 이러한 모든 것들이 나의 일상생활에서도 실천될 수 있도록 노력하겠다는 다짐 속에서 생활에 임해야 한다.

본 양육교재는 모두 8권, 각 권당 5과 씩, 총 40개의 주제를 다룰 것이다. 적지 않은 양이기는 하지만, 신앙인들이 교회에서나 사회에서 부딪히게 될 모든 주제들이 다 다루어 진 것은 아니다. 하지만 이 40개의 주제를 다루며 배우고, 생각하고, 느끼고, 결단하고, 실천하는 과정을 통해서 한 단계 더 성숙된 신앙인으로 나아갈 수 있는데 도움이 되리라 생각한다.

본 교재를 바탕으로 한 평신도의 양육이 성공적으로 이루어져서 모든 성도들이 교회뿐만 아니라 가정과 사회에서 주체적 존재가 되며, 성결교회의 교인으로서, 또한 그리스도의 제자로서 확고한 정체성을 갖으며, 마침내 이 땅 위에서 하나님의 뜻대로 살아가고 하나님의 나라를 이루어 내는 하나님의 사람으로 거듭나게 되기를 바란다.

7단원(회복)
세상을 회복하는 삶

단원 설명

　7단원은 3단원과 함께 '신유'의 복음을 현대적으로 해석한 '회복'을 주제로 하였다. 3단원이 개인의 전인적인 치유와 회복을 다루었다면, 7단원은 사회적인 회복을 다루었다. 하나님은 병들어있는 한 개인의 회복뿐 아니라 병들어있는 사회와 전지구적 생태계의 회복을 원하신다. 그런 의미에서 사회적인 회복으로서의 '신유'는 하나님이 인간의 공동체와 생태계를 사랑하셔서 치유하고 회복시키실 것을 믿는 기독교인들에게 주어지는 은혜이다. 7단원은 회복되어야 할 현대 사회와 생태계의 병든 상태를 학습자들이 살고 있는 사회적 일상들과 연결하여 다루었다.

　현대 사회 문화는 많은 부분이 병들어있다. 험담과 욕설 등의 언어폭력과 물리적인 폭력으로 가정과 학교가 병들어있고, 무한경쟁을 조장하는 사회의 구조로 인해 과도한 업무와 스트레스로 기업과 일터가 병들어있다. 스트레스 해소를 위한 지나친 음주와 퇴폐적이고 파괴적인 오락들로 놀이 문화가 병들어있다. 병든 사회 문화와 함께 자연 생태계도 병들어가고 있다. 기독교적 가치가 무시되고 오직 이윤추구만을 목적으로 한 과도한 개발로 인해 생태계가 병들어가고, 결국 인간은 자원 부족, 자연 재해 등의 대가를 치르고 있다. 과연 이렇게 병들어 버린 사회가 어떻게 회복될 수 있을 것인가?

　이것은 기독교적 복음이 한 개인을 구원하여 회복시키는 것은 물론이고, 개인이 살아가고 있는 사회 전반과 생태계를 치유하고 회복할 수 있는 능력이 있다는 것을 믿을 때 가능하다. 기독교적 복음이 개인적인 신앙고백으로만 머물지 않고, 나의 가정, 직장, 사회, 더 나아가 내가 몸담고 사는 자연 생태계와 관계 맺고 살아가는 삶의 방식과 태도 전반을 새롭게 할 수 있는 살아있는 능력을 가질 때, 비로소 회복을 소망할 수 있다. 복음이 구체적인 삶의 현장과 만날 때, 모든 기독교인은 소명, 하나님의 부르심을 발견하게 된다. 직업의 유무와 상관없이 일상의 삶을 살아야 할 이유와 구체적인 사명의 내용을 발견하게 되는 것이다. 모든 기독교인이 각자의 일상의 자리에서 기독교적 소명의식을 갖고 살아간다면, 그들이 관계 맺고 살아가는 사회의 현장들이 기독교 복음의 능력으로 회복되는 은혜를 경험하게 될 것이다.

7단원은 기독교인이 살아가고 있는 이 사회가 분리되고 배척해야만 하는 이원론적인 다른 세상이 아니라, 우리가 기독교적 소명을 갖고 복음의 은혜로 끌어안고 치유하고 회복시켜야 할 공동체임을 전제하고 있다. 그런 의미에서 7단원은 회복되어야 할 '세상을 회복하는 삶'을 목표로 구성되었다. '세상'을 의미하는 삶의 현장으로는 주로 직장을 다루었고, 특별히 5과는 자연 생태계를 다루었다. 1과는 '기독교인의 직장생활'이다. 여기서는 직장이 교회와 이원적으로 구분된 사회가 아니라 하나님이 부르신 자리임을 강조한다. 또한 다니엘의 공직생활을 통해 직장에서 어떻게 기독교적 정체성을 가지고 살수 있을지 고민하고 자신의 직장이 회복될 수 있도록 위해서 기도하는 시간을 갖는다. 2과는 '직업과 소명'이다. 하나님은 모든 기독교인을 기독교적 소명으로 부르신다는 것을 상기하도록 하여, 직업 유무와 상관없이 자신의 일상 속에서 하나님의 소명을 발견하도록 초청한다. 또한 직장생활을 하는 자들이 자신의 일터에서 하나님의 소명을 발견하는 시간을 갖도록 한다. 3과는 '폭력 없는 사회'이다. 폭력으로 신음하는 가정과 학교, 사회를 향한 애통함으로 폭력의 근원인 죄를 회개하고, 폭력의 피해와 고통이 회복되기를 구하며, 더 나아가 사회적인 관계 속에서 하나님의 평화의 은혜를 소망하는 시간을 갖는다. 4과는 '쉼과 여가'이다. 병들어있는 일터에서 느끼는 과도한 스트레스와 퇴폐적 놀이문화가 건강한 기독교적 놀이문화로 회복될 수 있도록 자신의 직장 문화를 돌아보도록 한다. 5과는 '자연과 화해하는 삶'이다. 여기서는 자연 파괴적인 인간의 생산 문화를 반성하고 자연 생태계를 하나님께서 사랑하시는 소중한 피조물로 인식하여 자연과 화해하는 삶을 결단한다.

기독교인의 직장생활

교육주제 직장인의 기독교적 정체성

배울말씀 다니엘 6장 1-10절

도울말씀 엡 5:15-20, 고전 14:40

새길말씀 너희가 이방인 중에서 행실을 선하게 가져 너희를 악행한다고 비방하는
자들로 하여금 너희 선한 일을 보고 오시는 날에 하나님께 영광을 돌리게
하려 함이라 (벧전 2:12)

이룰 목표

① 가족간의 관계를 향한 하나님의 말씀을 통해 자신의 책임을 확인한다.

② 가족과의 관계 속에서 자신이 처한 위치와 태도를 성찰한다.

③ 행복한 가정을 만들기 위해 구체적인 방법을 찾고 실천한다.

교육흐름표

40 min	20 min	20 min	20 min	20 min
O.T.	관심	기억	반성	응답

교육진행표

구분	오리엔테이션	관심갖기	기억하기	반성하기	응답하기
제목		기독교인의 직장생활 유형	다니엘의 직장 생활	다니엘처럼	직장을 위한 기도
내용	단원 설명, 자기소개	예화를 읽고 기독교인의 직장생활의 세 유형인 분리, 동화, 균형을 구분한다.	다니엘은 충직하게 직장생활을 하면서도 시기하는 동료들로 인해 고난을 겪었지만, 고난중에도 담대히 신앙을 지켰다.	기독교인은 직장에서 지혜롭고 순결하게 살기 위해 하나님의 말씀을 기억하여 그 말씀에 순종해야 한다.	일터의 주관자이신 하나님께서 일터를 축복하시도록, 일터에서도 하나님께 순종하는 삶을 살 수 있도록 각자의 일터와 자신을 위해 기도한다.
방법	강의, 발표	예화 읽고 답하기	성경 찾아 답하기	성경 찾아 답하기	기도문 쓰고 중보기도 하기
준비물	출석부	다니엘과 사자굴 그림	다니엘 직장생활 차트	도적적 인간 비도덕적 사회 사진	
시간	40분	20분	20분	20분	20분

1. 다니엘의 신앙과 직장 생활

건강한 신앙은 생활 속에서 그 모습을 나타내야 한다. 다니엘(그림 자료)이 바로 그렇게 살았던 신앙의 인물이었다. 다니엘은 '하나님은 나의 심판자'라는 뜻을 가졌다. 그는 예레미야와 에스겔 선지자와 동시대인으로서 남유다 여호야김 왕 재위 기간(B.C. 605년)에 바벨론으로 끌려가서 메대 바사의 고레스 왕 3년(B.C. 536)까지 살았다.

한편 '선한 것을 지지하는 자'란 이름의 뜻을 가진 다리오는 바벨론 왕국이 멸망한 이후 세워진 메대 바사 왕국을 치리하는 왕이었다. 그는 62세에 왕이 되었는데, 본래 조로아스터교도였다. 그는 억울한 누명을 쓰고 사자굴에 던져진 다니엘이 살아난 것을 목도한 후에 야훼 하나님을 '사시는 하나님'으로 고백하게 된다. 그는 그의 통치 원년 2년에 중단된 예루살렘 성전건축을 재개하도록 명령하기도 했다(에 6: 1-12 참조).

다리오 왕은 이집트에서 인도까지 이르는 넓은 영토를 치리하기 위해 나라를 120개로 나눈 후, 각 도에 방백(지방장관)을 두어 다스리게 하였다. 그는 총리 셋을 두어 한 총리가 40명의 방백을 관할하게 하는 중앙집권적 정치형태를 취한 것 같다. 이때 다니엘은 3명의 총리 가운데 한 사람으로서 특별히 왕으로부터 신임을 얻고 능력을 인정받아 수석총리까지 수행하며 전국을 잘 다스렸다. 다니엘은 고위 공직생활을 하면서도 신앙인의 정체성을 결코 잃지 않았다. 오히려 그는 일터 가운데에서도 자신의 신앙 가치와 능력을 보여주고 빛을 발하는 삶을 살았다.

신앙과 생활을 이원화하는 것은 잘못된 생각이며 습관이다. 다니엘은 바벨론의 포로 신분이고 외국인으로서 타문화권에서 살아가야 하는 절대 불리한 상황 속에서도 생존하기 위해 신앙을 저버리는 어리석은 행동을 하지 않았다. 신앙은 사회와 일상생활 속에서 빛을 발해야 진정한 의미를 갖는다.

2. 직장생활의 위기와 극복

사회생활을 하다가 신앙의 위기가 올 때에도 신앙을 포기해서는 안 된다. 바르고 옳게 사는 기독교인에게도 신앙을 포기하고 싶을 정도의 시험이 올 수 있다. 다니엘의 삶에서도 그런 신앙의 위기가 있었다. 다리오 왕이 다니엘을 총리로 발탁하려는 인사계획에 반발하여 총리들과 방백들이 상대방 정치인인 다니엘에게 흠집을 내려고 한다. 그들은 다니엘에게서 "고발할 근거"(4절), 즉 고소의 핑계를 얻으려 한다.

그러나 그들은 다니엘에게서 "아무 근거, 아무 허물"을 얻지 못한다. 이는 무엇보다도 다니엘이 완벽한 사회 윤리적 결백성, 즉 '사회적 성결'을 보여주고 있다는 반증이다. 더 나아가 "충성되어"라는 말은 신앙인으로서 철저한 직업윤리 의식의 한 단면을 엿보게 한다. 신앙인으로서의 직장인이 일터에서 직무에 충실하고 상관에게 충성심을 가지는 태도는 대단히 중요하다. "그 하나님의 율법에서 근거를 찾지 못하면"(5절) 하는 말씀에서 보듯이, 결국 다니엘의 정적들은 개인이나 사회적 영역에서의 틈이 아닌, 신앙적인 영역에서의 틈을 보려고 한다.

사회에서의 정적들은 신앙인을 걸고 넘어뜨리기 위해서 최후에는 신앙의 영역을 가지고 시비를 걸고 시험한다. 그들은 다니엘을 단번에 제거하기 위해 모든 수단과 방법을 총동원하여 무서운 책략을 꾸민다. 결국 그들이 새로 마련하여 왕에게 올린 금령은 30일 동안 왕 외에 다른 신이나 사람에게 기도하지 못하게 하는 것이었다. 그들은 다리오 왕을 현혹케 하여 그들이 세운 책략에 말려들게 한다. 그러나 다니엘은 전혀 굴하지 않고, "전에 하던 대로"(10절) 기도를 하는데, 이는 좋은 신앙 습관으로 다니엘에게 타성적이거나 구태의연한 면이 전혀 없음을 보여준다. 기도 속에 포함된 '감사'는 범사에 감사하는, 특별히 고난과 역경 속에서도 하나님께 감사하는 모습이다.

관심갖기

기독교인의 직장 생활 유형

다음의 세 이야기는 기독교인이 사회 속에서 나타내 보일 수 있는 유형들에 관한 것들입니다. 이야기를 읽고 주어진 질문에 답해 봅시다.

첫 번째 이야기 (분리)

김 집사님은 흔히 교회에서 신앙이 좋으신 분이란 소리를 듣는다. 교회의 공예배를 꼭꼭 참석하실 뿐만 아니라 헌금도 많이 하시고, 남보다 앞서서 교회 봉사도 도맡아 하시고 기도도 열심히 하신다. 그런데 집사님은 세상에 대해는 매우 비판적이고 부정적이다. 그래서 세상이 어떻게 돌아가든 신앙인은 신앙생활만 잘하면 되고, 또 그렇게 하면 하나님이 복을 주셔서 악한 세상에서도 복 받고 만사형통하게 된다고 생각한다. 그런데 집사님은 신앙 우선이라는 구실로 사회생활을 자기중심적으로 하다 보니, 늘 이웃과 관계가 원만하지 못하고 부딪히게 되어 이웃들에게 선한 영향을 끼치기는커녕 오히려 '저 사람 때문에 교회 안 가.'라는 소리를 자주 듣게 된다. 직장생활에 있어서도 성실하게 최선을 다해 직장인으로 먼저 인정 받기보다는 신앙을 구실로 불성실한 태도를 보여서 직장동료들에게 자주 따가운 눈총을 받고 왕따를 당한다.

두 번째 이야기 (동화)

이 집사님은 신앙보다는 사회의 구조나 법칙에 따른 생활에 더 많은 비중을 둔다. 신앙은 명목적이고 사회생활이나 직장생활이 보다 더 실질적이다. 그는 사회생활을 신앙생활보다 더 충실히 행하고, 신앙생활은 여건이 될 때나 사회생활에 지장이 안 되는 범위 내에서만 한다. 신앙의 원칙이 아무리 고귀하더라도 그것이 사회적 원칙에 어긋나면, 그는 신앙으로 굳이 살 필요가 없고, 또 살 수 없다고 생각한다. 이 집사님은 철저한 현실주의자로서 신앙은 한낱 이상일 뿐 현실생활에서는 도저히 구현할 수 없기 때문에 세상의 법칙과 관습에 맞추어 살아가야 한다고 생각한다. 그래서 신앙인도 세속인처럼 별 수 없이 적당히 거짓말하고, 모함하고, 상황에 따라 용의주도하게 시류에 맞춰 살아야 한다고 생각한다. 이 집사님은 경쟁, 부패, 거짓이 난무하는 세상에서 살아남기 위해 자신도 그들과 똑같이 경쟁하고, 부정에 타협하고, 심지어 남을 속이면서 살아간다. 이 집사님은 생존경쟁을 위해서 수단과 방법을 가리지 않고 세속과 함께, 세속 속에서 거뜬히 살아남을 수 있는 방식과 처세술을 익혀 살아간다.

세 번째 이야기 (균형)

우리 교회에는 설렁탕 집을 운영하는 집사님 가족이 있다. 김천에서 '고령설렁탕'이라는 음식점을 경영하고 있는데, 김천 집회를 갔던 김에 그 집에 들른 적이 있었다. …(중략)… 부인 집사님으로부터 다음과 같은 말을 들었다. "목사님, 우리 부부는 비록 설렁탕을 끓여 파는 장사꾼에 불과하지만 설렁탕 한 그릇을 끓여도 예수님께 대접하는 마음으로 끓입니다. 그래서 설렁탕에 들어가는 모든 재료를 다 최고로만 구입하여 쓰지요. 설렁탕에 들어가는 뼈와 고기는 말할 것도 없고, 김치 담글 때에 쓰는 무, 배추, 마늘, 고춧가루, 생강, 파 할 것 없이 모두 최고로 좋은 재료만 구입하여 사용한답니다." 부인 집사님으로부터 그이야기를 듣는 순간 온 몸에서 힘과 맥이 다 빠져나가는 듯한 은혜를 받았다. …(중략)… 어느날 그 집사님이 뼈를 공급하는 가게에서 뼈를 받아 끓이기 시작하는데 뼈에서 뽀얀 국물이 나오지 않고 누런 국물이 나오더란다. 아마도 뼈를 판 가게에서 실수를 하여 품질이 좀 떨어지는 뼈를 보냈던 모양이다. 전화를 하자 어쩔 줄 몰라 하며 사과를 하면서 우리 교회 집사님에게 이렇게 이야기하였다고 한다. "사장님, 오늘 하루만 커피 프림을 타시죠." 나는 그때 설렁탕 집 가운데 별로 좋지 않은 품질의 뼈를 사용한 후 그것을 눈속임하기 위해 커피 프림을 타는 집이 있다는 것을 처음으로 알게 되었다. 얼마든지 그렇게 해서 하루쯤 넘어갈 수 있었음에도 불구하고 우리 집사님은 아예 가게 문을 닫아 버렸다. 그리고는 가게 문 앞에 이렇게 큼지막한 글을 붙여놓았다. "오늘은 재료가 나빠서 장사 못합니다. 죄송합니다." 장사 수완으로 그렇게 한 것이 아니었다. 예수님을 대접하는 심정으로 끓이는 설렁탕인데 거기에 쉽사리 커피 프림을 타서 은

근슬쩍 넘어갈 수가 없었기 때문이었다. 의도했던 바는 아니었으나 그와 같은 일을 통해 우리 집사님 가게는 손님들로부터 신용을 얻게 되었다.

(김동호의 "행복한 부자를 위한 5가지 원칙"에서)

위 이야기는 아래의 보기 중 각각 어느 유형에 해당할까요? 위의 빈칸에 적어 봅시다.

보기

* 동화– 사회에 파묻혀 신앙의 능력이 전혀 드러나지 않는 상태
* 분리– 사회와 서로 대립각을 날카롭게 세워서 물과 기름처럼 된 상태
* 균형– 사회와 서로 유기적으로 연결되어 신앙이 사회생활에 좋은 영향을 주는 상태

첫째 이야기 ―――――――――――― (분리)
둘째 이야기 ―――――――――――― (동화)
셋째 이야기 ―――――――――――― (균형)

첫 번째 이야기는 세상과 신앙을 이원론적으로 분리해서 보는 형태이다. 여기서는 세상과 신앙이 서로 전혀 별개의 것으로 취급되고 있다. 두 번째 이야기는 사회생활이 신앙생활을 압도하는 경우이다. 신앙으로 세상을 이길 수 없기 때문에 신앙의 능력으로 살지 않고 아예 시류에 영합해 살아가는 것이다. 세 번째 이야기는 균형 유형이다. 신앙인이 세상 속에서 균형 잡힌 신앙생활을 하는 것이다.

신앙과 일상생활을 조화시키기 어려운 상황 속에서도 균형 잡힌 신앙생활을 유지한 인물들을 성경에서 찾을 수 있다. 요셉은 애굽인의 입장에서 볼 때 외국인 노예의 신분이었음에도 불구하고 애굽인에게 신뢰를 주었고 복을 끼치는 자였다(창 39

장). 모세는 애굽의 궁궐에서 자랐으면서도 신앙으로 자랐고, 애굽의 모든 금은보
화보다도 하나님을 믿는 신앙을 더 귀중히 여겼다(히 11장). 다윗은 정치인으로서
이스라엘의 왕이었지만 하나님의 마음에 맞는 자로 살았다(행 13:22). 다니엘 역
시 신앙과 생활이 균형을 이룬 대표적인 인물이다.

기억하기

다니엘의 직장 생활

배울말씀인 다니엘 6장 1-10절을 읽고 주어진 질문에 답해 봅시다.

1. 다니엘은 어떤 사람으로 묘사되고 있습니까? 다음 표의 빈칸을 채우면서 확인
   해 봅시다.

나이 및 국적	80세 이상, 유대 (메대 바사 왕국의 포로 신분)
직업	총리
사람됨(4절)	아무런 허물이 없음, 충성 됨, 그릇됨이 없음
위의 보기 중 해당되는 신앙 유형	균형형

(그림 자료)

4절을 보면, 다니엘은 공직자 사회의 대인관계에서 '원만하고 튀지 않았던' 사람
이었다는 것을 유추할 수 있다. 다른 총리와 방백들이 다니엘에게서 "아무 근거,
아무 허물을 얻지" 못하였다. 그들이 다니엘을 시기하여 제거할 음모를 꾸밀 때,
다니엘은 미움을 살 만큼 자기자랑을 하거나 튀는 행동을 하지 않았다.

2. 다니엘이 외국인에 포로임에도 불구하고 메대 바사 왕국의 다리오 왕이 다니
   엘을 수석 총리로 등용하려고 한 이유는 무엇입니까? (단 6:3, 비교 단 1:4)

다니엘은 영민하여 다른 어떤 이보다 업무 해결 능력이 탁월했고, 이미 수십 년간
총리로 일한 경륜과 경험이 풍부했고, 행정 전문 능력에서 검증된 최고 일인자였기
때문이다.

다니엘이 수석 총리로 등용될 수 있었던 이유가 다니엘이 하나님을 믿는 신앙인
이기 때문만은 아니었을 것이다. 먼저 그는 그런 직업에 합당한 능력을 지니고 있
었다. 물론 다리오 왕이 인재를 등용할 때 외국인을 차별하지 않고 전적으로 능력
을 중요하게 여겼던 것도 중요한 이유가 될 수 있다. 다니엘은 총리로 발탁되기
이전, 총리에 합당한 여러 자질과 필요한 능력을 이미 갖추고 있었다. 다니엘 1장
4절을 보면, 다니엘이 모든 재주에 통달했고(특히 자기 전문 분야에 정통함), 필
요한 지식을 구비했고(상식과 전문지식에 있어서), 바벨론 학문에 정통하고 익숙
했으며, 바벨론 언어에도 당연히 능통했다는 것을 알 수 있다.

3. 다니엘은 어떻게 공직 생활을 했습니까? (단 6:4)

다니엘은 국사에 대해 충성되어 아무 그릇됨도 없고 아무 허물도 보이지 않았다.

성경은 다니엘이 공직생활에 있어서 그 어떤 허점도 보이지 않았음을 말해준다.
여기서 두 가지 측면을 고려해 볼 수 있다. 첫째는 공직 수행 능력이다. 다니엘은
국사를 처리하는 데 있어 대적자들이 꼬투리를 잡을 그 어떤 허점도 보이지 않았
다. 그는 자기 전문영역에서 탁월한 능력을 보여 주었다. 둘째는 공직에 대한 윤
리적 측면이다. 다니엘은 당시 법으로나 관습으로 보더라도 완벽한 공직 윤리를
지녔을 것이다. 그는 남을 모함하거나 뇌물을 주거나 혹은 받거나 하는 부정부패
와는 거리가 먼, 청렴결백한 공직윤리를 지녔을 것이다. 죄악이 관영한 세상에서

다니엘은 사회적 성결을 이루는 삶을 살았다. 그는 부패한 세상에서 신앙인으로서 본이 되는 삶을 산 것이다. 다니엘은 신앙인이면서 동시에 사회인으로서 주어진 책무를 다했고, 또한 경쟁이 심한 사회생활 속에서도 신앙의 힘으로 꿋꿋하게 산 모범적 신앙인의 모습을 저버리지 않았다.

4. 흠잡을 데 없는 다니엘을 시기한 다른 총리와 방백들은 결국 다니엘의 어떤 행동에서 흠잡을 틈을 발견했습니까? (단 6:5)

다니엘의 정적들은 다니엘이 하나님을 신앙하는 행위에서 자신들이 이용할 수 있는 틈을 발견했다. 그들은 다니엘이 하나님을 섬기는 행위 자체를 문제 삼고 있다. 그들은 다니엘이 독실하게 하나님을 믿는 신앙인이라는 사실을 익히 알고 있었다.

사회생활을 아무리 완벽하게 잘한다 할지라도, 신앙인이 거룩한 고난을 안 당할 수는 없다. 때로는 하나님을 믿는 그 자체가 고난의 원인일 수 있다. 다니엘의 경우가 바로 그랬다. 만약 다니엘이 사회생활에 불성실해서 어려움을 겪었다면, 그런 고난은 결코 '거룩한 고난'이 될 수 없다. 신앙인은 불성실 때문에 오는 고난을 '거룩한 고난'과 혼동하지 않아야 한다. 물론 모든 신앙인이 다니엘처럼 완벽한 사회생활을 할 수는 없을 것이다. 그렇지만 신앙인은 세상에서의 빛과 소금이다. 어두움과 부패가 가득한 세상에서 바르게 사회생활함으로써 빛과 소금이 되어 하나님께 영광을 돌려야 한다.

신앙인은 다니엘처럼 믿음을 가졌다는 이유 하나만으로 고난을 맞이할 수 있다. "근신하라. 깨어라. 너희 대적 마귀가 우는 사자 같이 두루 다니며 삼킬 자를 찾나니 너희는 믿음을 굳건하게 하여 그를 대적하라. 이는 세상에 있는 너희 형제들도 동일한 고난을 당하는 줄을 앎이라(벧전 5:8-9)."에서처럼 신앙인을 넘어뜨리려는 세력은 호시탐탐 우리를 넘보고 있다. 이에 대해서 기독교인은 단호하게 결단할 필요가 있다.

5. 다른 방백들에게 고소를 당할 빌미가 되긴 했지만, 다니엘이 균형 있는 신앙생활을 할 수 있었던 원동력은 무엇입니까? (단 6:7, 9)

기도

다니엘에게 있어서 기도는 형식적인 외식이 아니라 삶의 일부이자 신앙인의 정체성이었다. 다니엘은 자신의 신앙으로 인해 위기가 왔을 때, 신앙을 포기하거나 멀리하는 어리석음을 범하지 않았다. 다니엘이 30일 동안 기도하는 행위를 멈추기만 했다면 신앙적 위기를 모면하고 자신의 인생을 성공적으로 이어갈 수 있었을 것이다. 그렇지만 그는 그런 얄팍한 수를 쓰지 않았다. 그는 하나님을 믿는 신앙인의 모습을 그대로 지켜나가기로 결단하고 '죽으면 죽으리라'는 견고한 자세로 자신의 신앙을 밀고 나갔다.

6. "예루살렘으로 향한 창문을 열고 전에 하던 대로"와 "그의 하나님께 감사하였더라"에 담겨 있는 의미는 무엇일까요? (단 6:9-10)

① "예루살렘을 향하여" – 멸망한 조국을 향한 다니엘의 뜨거운 민족의식과 조국애를 엿볼 수 있다.
② "전에 행하던 대로" – 변함없이 항상 해오던 행위를 의미한다. 신앙인의 좋은 습관으로 타성적이거나 구태의연한 면이 전혀 없음을 보여준다.
③ "감사" – 범사에 감사하는, 특별히 억울하게 당한 고난과 역경 속에서도 하나님께 변함없이 감사하는 모습이다.

우리는 이 구절 가운데서 다니엘이 가졌던 신앙의 진면목을 찾게 된다. 신앙은 사회, 그리고 역사와 결코 떨어져서는 안 된다. 다니엘은 비록 포로로 잡혀 온 이방인으로서 이국땅에서 외롭게 살아갔지만, 멸망한 조국 이스라엘을 늘 기억하며, 이스라엘의 독립과 회복을 위해 기도하는 사람이었다. "예루살렘을 향하여"는 신앙인 다니엘이 가지고 있는 투철한 민족의식을 보여준다. "전에 행하던 대로"는 마지못해서가 아니라 몸에 밴 좋은 습관으로 기도를 했다는 뜻이다. 한편, 다니엘의 감사는 하박국의 감사기도(합 3:16–18)와 유사하다고 볼 수 있다. 신앙 때문에 지금 모든 것이 다 사라지고 결국 죽음으로 끝날 것을 감수하고서라도 하나님께 감사하는 행위야말로 신앙적 극치가 아닐 수 없다.

반성하기

평신도 양육교재

다니엘처럼

1. 오늘날 기독교인이 다니엘처럼 "아무 그릇함도 없고 아무 허물도 없이" 살아갈 수 있는 방법은 무엇일까요? 마태복음 10장 16절을 찾아 그 답을 찾아 봅시다.

> 보라 내가 너희를 보냄이 양을 이리 가운데로 보냄과 같도다. 그러므로 너희는
> (뱀) 같이 (지혜롭고) (비둘기) 같이 (순결하라) (마 10:16)

기독교인은 죄악이 넘치는 세상에서 죄악에 물들지 않도록 뱀처럼 주의 깊고 예민하게, 또한 비둘기처럼 깨끗하고 허물없이 살아야 한다. 그런 의미에서 다니엘은 개인적 성결만이 아닌 사회생활에서도 순결의 모범을 보여 주었다. 기독교윤리학자 라인홀드 니버가 그의 책「도덕적 인간과 비도덕적 사회」(사진 자료)에서 "모든 인간의 집단은 개인과 비교할 때 충동을 올바르게 인도하고 때에 따라 억제할 수 있는 이성과 자기 극복능력이 훨씬 결여되어 있다. 게다가 집단을 구성하는 개인들이 개인적 관계에서 보여주는 것에 비해 훨씬 이기주의가 모든 집단에서 나타난다." 라고 하였다. 개인의 이기주의가 뭉쳐진 비도덕적 사회에서 '사회적 성결(순결)'을 이루며 살기는 더더욱 어렵다는 것이다. 오늘날 신앙인들이 지켜야 할

두 가지 큰 과제는 다니엘처럼 자신의 노력으로 개인적 성결을 유지하는 것뿐만 아니라, 집단의 구조 문제 속에서도 '사회적 성결'을 온전히 이루어야 한다는 사실이다.

2. 신앙생활(교회생활)을 하는 것이 혹시 사회생활에 방해가 되지 않습니까? 반대로 사회생활을 하는 것이 신앙생활에 방해가 되지는 않습니까? 만일 이런 어려움이 있다면 어떤 자세를 갖고 대처해 나가야 할까요? 아래에 주어진 두 성경 말씀을 바탕으로 생각해 봅시다.

> "죄가 있어 매를 맞고 참으면 무슨 칭찬이 있으리요 그러나 선을 행함으로 고난을 받고 참으면 이는 하나님 앞에 아름다우니라" (벧전 2:20)
>
> "오직 강하고 극히 담대하여 나의 종 모세가 네게 명령한 그 율법을 다 지켜 행하고 우로나 좌로나 치우치지 말라 그리하면 어디로 가든지 형통하리니" (수 1:7)

마음을 담대히 하고 한 쪽으로 치우치지 않는 자세로 선을 행하면서 살아야 한다.

신앙생활은 기독교인으로서 가장 중요한 문제이고, 사회생활은 기독교인이 살아가야 할 본거지이기 때문이다. 서로 방해가 되는 것이 아니라 두 영역이 서로 선한 영향력을 주고 받아야 한다.

평신도 양육교재
응답하기

직장을 위한 기도

1. 아래는 직장인 전문 사역자 원용일 목사가 제안한 직장을 위한 기도 중 일부입니다. 함께 읽어 봅시다.

우리 일터에 복을 내려주소서

일터의 주인이신 하나님,
일터를 주관하시는 주님을 찬양합니다.
오늘도 우리가 일하는 회사를 위해 기도합니다.
늘 바쁘고 허둥대지만 아침마다 일어나서 출근하는 곳,
우리가 이 일터에서 일할 수 있는 것을 오늘도 감사합니다.

원용일.『직장인 축복 기도문』중에서

학습자 중 한 명이 대표로 읽거나 모두 다함께 소리 내어 읽도록 한다.

2. 우리의 직장이 하나님께서 주관하시는 곳임을 선포하며 기독교인으로서 당당한 모습을 회복합시다. 이를 위해 일주일 동안 매일 우리의 직장을 품고 기도합시다. 아래의 빈칸에 일주일 동안 나만의 기도문을 적어 봅시다.

각자 기도문을 적을 수 있는 시간을 주도록 한다. 모두 적도록 한 뒤에 적은 기도문을 돌아가면서 읽도록 한다. 학습자들의 직장을 위한 중보기도를 한 뒤 마치도록 한다. 직장이 없는 학습자들은 자신의 가족의 직장을 위한 기도문을 쓰도록 지도한다. 다음 모임 때 일주일간 기도하면서 지낸 직장에서의 삶을 나누고 중보기도의 수고에 감사를 전하고 시작하도록 한다.

너희가 이방인 중에서 행실을 선하게 가져 너희를 악행한다고 비방하는 자들로 하여금 너희 선한 일을 보고 오시는 날에 하나님께 영광을 돌리게 하려 함이라 (벧전 2:12)

결단의 기도 ·····

능력이 많으신 하나님! 기독교인의 정체성을 상실하기 쉽고 기독교인답게 살아가기 어려운 세상에서 신앙으로 세상을 이기며 살아갈 수 있게 하옵소서. 신앙과 생활이 잘 조화되어 균형 있는 삶을 살게 하옵소서. 다니엘처럼 세상 가운데서도 주님이 주시는 능력과 지혜로 승리하며 살게 해 주시고 하나님께 늘 영광 돌리는 삶이 되게 하옵소서. 우리의 무능력과 불성실 때문에 하나님의 이름을 욕되게 하지 않게 하시고, 신앙 행위 때문에 핍박당하거나 비난 받을 때에는 신앙적 위기를 믿음으로 잘 극복하는 지혜로운 기독교인이 되게 하옵소서. 예수님의 이름으로 기도드립니다. 아멘 .

평신도 양육교재
평가하기

평가항목	세부사항	그렇다	그저 그렇다	아니다
인도자의 준비도	인도자는 본 과의 교육목적을 이룰 수 있도록 충분하게 준비했습니까?			
교육목표의 성취도	1. 학습자가 자신에게 신앙과 생활을 이원화하는 잘못된 생각과 습관이 있는지 점검하고 이를 고치기를 결단하였습니까? 2. 학습자가 사회생활을 하다가 신앙의 위기가 올 때에도 결코 신앙을 포기하지 않을 것을 결단하였습니까?			
학습자의 참여도	학습자들이 진지하고 적극적인 태도로 성경공부에 임했습니까?			
성경공부의 분위기	성경공부를 진행하는 동안 분위기가 자연스럽고 편안했습니까?			
기타 보완할 점	기타 보완할 점이나 건의사항이 있습니까?			

2

평신도 양육교재

직업과 소명

교육주제	기독교인의 직업과 소명 의식
배울말씀	마태복음 25장 14–30절
도울말씀	눅 19:12–27, 잠 21:5
새길말씀	부지런하여 게으르지 말고 열심을 품고 주를 섬기라 (롬 12:11)

이룰 목표

① 나의 직업과 하는 일에 하나님의 뜻이 담겨있음을 안다.

② 나의 직업을 통해서 하나님께서 허락하신 소명을 깨닫는다.

③ 직장생활과 신앙생활의 균형을 통해서 소명을 온전히 이루어가는 삶을 산다.

교육흐름표

20 min	20 min	40 min	40 min
관심	기억	반성	응답

교육진행표

구분	관심갖기	기억하기	반성하기	응답하기
제목	눈과 손이 없어도	달란트와 직업	구두 닦는 대통령	나의 소명, 나의 직업
내용	사고로 눈과 손을 잃은 광부가 부흥집회 중 은혜를 받고 새로운 소명을 찾은 예화를 읽고, 자신의 현재 직업에 대한 생각을 점검한다.	1달란트, 2달란트, 5달란트 맡은 종의 비유를 통해, 하나님께서 모두에게 가치 있는 소명을 맡기셨음을 이해한다.	모든 직업은 귀하다고 말한 링컨의 예화를 읽고, 성경을 통해 하나님이 맡기신 일에 대한 기독교인의 자세를 배운다.	달렌 피터슨이 회심 이후 기독교인으로서 자신의 소명을 발견한 예화를 읽고, 자신의 소명 고백하기
방법	예화 읽고 이야기하기	성경 찾아 답하기	예화 읽고, 성경 찾아 답하기	예화 읽고 고백하기
준비물	송명희 씨의 '위로'시	성경책 달란트 동전 사진	성경책 링컨사진	행복한 청소왕 사진
시간	20분	20분	40분	40분

'소명'(독일어, Berufung) 사상은 교회의 가르침인 구원론에 있어서 중요한 부분을 차지한다. 소명은 하나님께서 택한 자를 불러내시는 것을 의미한다. 이런 부르심은 보통 두 가지로 나뉘는데, 첫째는 외적 소명으로 '복음을 들음으로' 나타나는 것이고, 둘째는 내적 소명으로 '성령의 감동하심으로' 나타난다. 외적 소명으로 청함을 받은 자는 많지만 내적 소명을 받은 중생한 자는 적다. 이렇게 전통적인 의미에 제한되는 소명은 영적 구원에 국한된다.

그러나 소명이 단지 영적 구원에만 한정되어 이해되어서는 안 된다. 기독교인의 '직업'(Beruf)이 일종의 '소명'(Berufung)으로서 사실상 하나님의 부르심이라는 포괄적 의미에서도 이해되어야 한다. 직업은 본래 성과 속의 질서가 완전히 구별되지 않고 일상생활 속에서도 신성을 경험할 수 있는 거룩한 개념이라 할 수 있다. 소명과 관계된 직업 개념은 일찍이 종교개혁자들이 주장한 중요한 사상이기도 하다. 우리는 예수님의 달란트 비유인 본문을 통해 일상에서의 일(사회에서의 직업), 곧 다른 의미에서의 소명을 다시금 발견하고, 직업이 하나님의 영적 소명에 따른 인간에 대한 사회적 봉사라는 사실을 깨닫게 된다.

1. 직업적 소명으로서의 일

먼저 본문에 나오는 소명의 본래적 뜻을 찾아보자. 마태복음 25장 14절 "그 종들을 불러"에서의 '불러'는 희랍어로는 '칼레오(καλεω)', 라틴어로는 '보코(voco)', 영어로는 'call'이다. 주인이 자기 종을 불렀다는 사실로 비추어 볼 때, 이는 성도에 대한 하나님의 부르심, 즉 소명 (Vocatio, Berufung, Calling) 개념으로 해석할 수 있다. 여기서부터 영적 구원으로서의 부르심뿐만 아니라 일반적 직업(Beruf)으로서의 소명 개념이 생겨난다.

더욱이 마태복음 25장 15절 "각각 그 재능대로"에서 말하는 재능은 희랍어로 '탈란타'이다. '탈란타'는 이 구절에서 쓰인 달란트와 동일한 용어이다. 본래 '탈란타'는 무게를 측정하는 데 쓰였던 용어지만, 후에 일천 달러에 해당되는 은이나 금의 화폐가치로 쓰였다. 영어권에서는 달란트라는 단어가 보통 '재능'으로서 음악, 상재(商材), 리더십과 같은 데 두루 쓰이고 있다. 이렇게 볼 때, 재능과 직업을 자연스럽게 연관지을 수 있다. 사실 본문도 직접적으로 종들의 상업적 행위(장사)에 대해 언급하고 있고, 종들은 자기들의 재능에 따라 상업적 수완의 차이를 나타낸다. 그리고 주인이 종들에게 각각 달리 달란트를 주었다는 사실로 미루어 볼 때, 이미 종들에게 직업(재능)의 다름, 혹은 직업(재능) 수행에 있어 차이가 있다는 것을 알 수 있다.

2. 청지기 사명

마태복음 25장 21, 23절에서 다섯 달란트와 두 달란트 받은 종들은 주인에게 '착하고 충성된 종'이라는 칭찬을 받았다. 이들이 주인에게 칭찬을 받은 것은 직업 능력을 수행하는 데 있어 받은 재능만큼 최선을 다했기 때문이다. 주인은 다섯 달란트를 남겼건, 두 달란트를 남겼건 두 사람 모두에게 똑같이 '작은 일에 충성했다'고 칭찬했다. 주인 편에서 볼 때, 다섯 달란트나 두 달란트는 모두 '작은' 것일 뿐이다. 두 종은 모두 청지기이다. 그들은 주인이 맡긴 소유를 잘 관리해야 할 책임이 있다. 마찬가지로 직업을 가진 사람이라면 부여받은 직업을 천직으로 알고 잘 간수하고 관리하여야 한다. 이것이 청지기가 가져야 할 자세이다.

반면에 마태복음 25장 24, 25절에 등장하는 한 달란트 받은 종은 자기 재능이 작다고 받은 재능 자체를 우습게 여기거나 불신하는 사람과 같다. 더구나 그는 주인을 제대로 알지 못하여 주인을 굳은 사람으로만 생각하고 두려워했다. 그래서 재능을 계발하기는커녕 오히려 사장시키는 어리석음을 범했다. 이 종은 청지기의 사명을 다하지 못한 것이다. 마태복음 25장 26, 30절에 나타난 것처럼, 한 달란트 받은 종은 결국 주인에게 '악하고 게으른 종'이라는 질책과 더불어 내어 쫓기는 심판을 받았다.

3. 두 가지 소명의 완수

마태복음 25장 29절 말씀에 드러난 것처럼, 작든지 크든지 주어진 재능이나 직업에 최선을 다하고 부지런히 충성하는 자가 그렇지 못한 자보다 더 풍족하게 된다. 반면 게으른 자는 오히려 있는 것까지 빼앗기게 된다.

기독교인은 먼저 영적 소명을 분명히 자각하고 그에 합당한 삶을 살아야 한다. 그리고 세속적 소명을 영적 소명과 연결시켜서 청지기적 사명을 감당해야 한다. 기독교인은 세속적 소명인 직장생활과 영적 소명인 신앙생활을 병행해야 하고, 또 조화를 이루어 둘 사이에 생기는 갈등의 원인을 제거해야 한다. 직업의 영성, 일터 속에서의 영성을 회복하는 것이 현대를 살아가는 신앙인의 바른 모습이다. 기독교인의 소명은 결코 사회적 직업과도 분리되지 않는다. 기독교인은 일터에서 자기의 적성과 비전에 맞는 일(직업)을 바로 찾아 주를 섬기듯 성실하게 임하는 태도를 가져야 한다.

용어, 지명 해설

· 소명 (Berufung) : 구원론에 있어서 중요한 가르침이다. 소명은 택한 자를 불러낸다는 뜻이다. 이런 부르심은 보통 두 가지로 분류된다. 첫째는 외적 소명으로 '복음 전파를 들음으로' 나타나고, 둘째는 내적 소명으로 '성령의 감동하심으로' 나타난다. 전통적인 의미의 소명은 이렇게 영적 구원에 국한되고 있다. 그러나 소명을 단지 영적 구원에만 한정하여 이해하지 말아야 한다. 기독교인의 '직업' (Beruf)을 일종의 '소명' (Berufung)으로, 사실상 하나님의 부르심이라는 포괄적 의미로 이해해야 한다.

· 사명 : 맡겨진 직책 혹은 직무를 뜻한다. 직업에서 주어진 자리나 임무를 가리킨다. 사도 바울은 자기의 사명을 '복음 증거하는 일'로 규정했다(행 20:24).

· 취리하는 자 : 은행가, 환전업자

눈과 손이 없어도

아래의 글을 읽고 주어진 질문에 답해 봅시다.

> 행크스라는 한 미국인이 광산에서 일을 하다가 불의의 사고로 인해 두 눈이 멀게 되고, 두 손마저 잃게 되었다. 그는 몹시 절망하여 죽기로 작정하고 식음을 전폐하기 시작했다. 그런데 하루는 우연히 유명한 설교자의 집회가 열린다는 소식을 듣고 그 집회에 참석하게 되었다. 그는 설교자의 말 중에서 '사람마다 하나님으로부터 받은 사명이 있다'는 대목에서 강한 인상을 받았다. 집회 후 그는 설교자를 만나 "나 같이 눈도 없고, 손도 없는 인간에게 무슨 사명이 있겠습니까?"라고 힐문했다. 그러자 설교자가 "당신에게는 아직 입과 귀와 발이 있지 않습니까? 눈과 손이 없을지라도 있는 것을 가지고 하나님의 영광을 나타낼 수 있지 않겠습니까?"라고 대답해 주었다. 행크스는 그 말을 듣고 일순간에 희망을 발견하게 되었다. 그는 곧 신앙을 받아들이게 되었고 그 뒤 웅변술을 배우기 위해 대학에 입학하였다. 그는 기억력이 남보다 비상한 장점을 바탕으로 우수한 성적으로 졸업하고는 미국에서 유명한 강연자 중에 한사람이 되었다.

1. 행크스의 이야기는 우리에게 무엇을 말해 줍니까?

내가 처해있는 상황이나 조건이 아무리 형편 없고 절망스러워 보여도, 분명히 희망을 발견할 수 있는 조건이 있다. 기독교인은 그 작은 희망을 바탕으로 하나님께서 주신 소명을 발견해야 한다.

행크스의 이야기와 더불어 우리는 시인 송명희 씨를 생각할 수 있다. 그는 뇌성마비라는 육신의 장애가 있었음에도 불구하고 자신의 사명을 발견한 후 이를 위해 최선을 다하였다. 그리고 아름다우면서도 소망을 담은 시를 통해 세상의 사람들에게 희망을 전하고 있다. 송명희 씨의 '위로'라는 시는 다음과 같다.

밤이 깊으면 아침은 더 밝아지네
말할 수 없는 고통 속에서 시달릴 때
주가 말씀하시네
나 너를 절대 버리지 않아.

아무도 없는 빈들에 던져져 외로워할 그때
주의 음성이 들리네
나 너를 영원히 떠나지 않아.

혹독한 절망에 눌려 살 소망 잃을 때
고통이 크면 클수록
하나님의 위로가 크더라.

극한 슬픔에 잠겨도 쓰러지지 않으리니
하나님의 위로가 넘치리라.   (그림 자료)

2. 현재 내가 하는 일에 대해서 나는 어떻게 생각하고 있나요?

각자의 이야기를 들어본다.

기독교인이라도 자신의 직업에 대해서 소명의식을 가지고 있는 사람이 드물 수 있다. 단순히 돈을 벌기 위해서라든지, 어쩌다 보니 그 일을 하고 있다고 생각하는 사람도 있을 수 있다. 특별히 전업 주부들은 자신이 하는 일을 직업이라고 생각해 본 적이 없을 수도 있다. 자신이 하고 있는 일에 의미를 부여하는 일은 매우 중요하다. 특별히 기독교인으로서 하나님께서 나에게 부여하신 '소명' (Berufung)을 발견하고 그것을 위한 삶을 살 수 있다면 그 삶은 가장 가치 있는 삶이 될 것이다. 학습자들에게 자연스럽고 솔직한 이야기를 들어보고 이 과를 다루면서 자신이 하고 있는 일의 의미와 소명에 대해서 진지하게 생각해 볼 수 있도록 하자.

기억하기
평신도 양육교재
달란트와 직업

배울말씀인 마태복음 25장 14-30절을 읽고 주어진 질문에 답해 봅시다.

1. '소명'이라는 단어의 의미는 무엇일까요? 본문에서 그에 해당되는 구절을 찾아 봅시다. (마 25:14)

   '불러'(내심) - 부르심

   '불러'는 희랍어로는 '칼레오', 영어로는 'call'이다. 주인이 종을 불렀다는 표현으로 비추어 볼 때, 이를 성도에 대한 하나님의 부르심, 즉 소명으로 해석할 수 있다.

2. 주인은 다섯 달란트(사진 자료)와 두 달란트 받은 종에게 결산을 받고 나서 어떤 칭찬과 상급을 주었습니까? (마 25:21, 23)

칭찬	착하고 충성된 종으로 작은 일에 충성했다.
상급	많은 것으로 다시 맡고 주인의 즐거움에 참예하게 되었다.

그들이 칭찬과 상급을 받은 이유는 자신에게 주어진 조건을 바탕으로 최선을 다하여 성실히 일했고 그것을 통해 주인을 기쁘게 했기 때문이다. 주인은 두 사람에

게 한결같이 '작은 일에 충성'했다고 칭찬했다. 주인 편에서 볼 때, 다섯 달란트나 두 달란트는 모두 '작은' 것일 뿐이다. 결산하여 많이 남겼느냐 적게 남겼느냐가 중요한 것이 아니라, 주어진 달란트를 가지고 얼마나 신실하게 충성을 다했느냐가 더 중요하다.

3. 주인은 한 달란트 받은 종에게 어떤 책망을 했습니까? 주인은 왜 그에게 그런 책망을 했습니까? (마 25:26)

책망	악하고 게으른 종이다.
책망이유	받은 달란트를 활용하지 않고 그대로 묻어 두었기 때문이다.

한 달란트 받은 종은 어쩌면 자기가 받은 한 달란트를 적은 금액이라고 가볍게 생각했는지 모른다. 이는 자신이 가진 재능이 작다고 받은 재능 자체를 우습게 여기거나 받은 자신을 불신하는 사람의 모습과도 같은 것이다. 더구나 그는 주인의 선한 성품을 오해했다. 오히려 주인을 무서운 사람으로만 생각해서 주인을 두려워하기까지 했다. 이로 인해 그는 자기 재능을 계발시키기는커녕 오히려 사장시키고 말았다.

4. 주인에게 '칭찬 받은 종들'의 공통점은 무엇입니까? 각 구절을 통해 그 공통점을 찾아봅시다.

마 25:16	종들은 부여된 사명을 장사라는 구체적인 직업에서 구현했다.
마 25:16-17	받은 재물을 가지고 갑절이나 이익을 남겼다. 좋은 결과를 거두었다.
마 25:21, 23	종들은 주어진 직무에 충성해서 성실하게 일했다.

칭찬 받은 종들은 받은 달란트를 가지고 사업을 해서 그것들을 배로 남겼다. 그들은 주인에게 받은 달란트의 많고 적음에 관심을 갖지 않았다. 그들은 그저 주인이 "각각 그 재능대로" 준 것을 순응하고 받아들였다.

5. 받은 재물이 재능을 의미한다면, 주인에게 '책망 받은 종'이 한 행동, 즉 땅을 파서 돈을 묻어 둔 행위는 무엇을 의미할까요?(마 25:18, 25절 참조)

주인에게서 일정한 달란트를 받았지만 그것을 자기가 받은 사명으로 제대로 활용하지 못했다.

그 종도 주인이 준 달란트의 가치를 모르지는 않았을 것이다. 두 달란트나 다섯 달란트보다 크지는 않지만 한 달란트도 충분히 무엇인가를 하고 그 결과를 낼 수 있는 가치를 지닌 재물이었다. 그러나 그는 다른 종이 받은 달란트에 비교하여 자신이 받은 달란트를 초라하게 여겼을지 모른다. 혹은 달란트를 통해 무엇인가를 남겨야 한다는 인식조차 없었는지도 모른다. 그는 주인이 무엇을 원하는지 주인이 어떤 사람인지를 알지 못했다. 오늘 우리들도 자신의 재능이나 하고 있는 일의 가치를 대수롭지 않게 여기곤 한다. 그래서 그 재능을 주시고 기회를 부여하신 하나님의 뜻을 저버리곤 한다. 한 달란트 받은 종의 어리석음이 바로 우리들의 어리석음일 수도 있다.

반성하기

구두 닦는 대통령

아래의 글을 읽고 주어진 질문에 답해 봅시다.

(사진 자료)

링컨이 대통령이 된 뒤 얼마 되지 않은 날이었습니다. 이른 아침 비서가 그를 급히 찾을 일이 생겼습니다. 비서는 대통령의 직무실로 가보기도 하고 복도로 나가 찾아보기도 했지만 실내 어디에도 그는 없었습니다.

비서는 밖으로 나가서야 링컨을 찾을수 있었습니다. 링컨은 한 모퉁이에 구부리고 앉아 있었습니다. 링컨은 자신의 구두를 닦고 있었습니다.

비서는 화들짝 놀랐습니다. 왜냐하면 그 무렵 링컨 대통령을 헐뜯는 사람들이 있었기 때문입니다. 대통령이 대통령답지 못하다는 것이 그들이 링컨 대통령을 헐뜯는 이유 중의 하나였습니다.

'링컨은 시골뜨기여서 대통령으로서의 품위가 없어!'

비서는 그 말이 생각나서 링컨에게 이야기했습니다.

"각하! 대통령의 신분으로서 그런 일을 하시다면…, 더욱이 다른 사람들이 그것을 본다면 뭐라고 하겠습니까? 이리 주십시오."

이 말을 들은 링컨이 조용히 웃으며 이야기했습니다.

"여보게, 신을 닦는 일이 부끄러운 일인가? 그렇게 생각하는 사람들이 잘못된 생각을 가지고 있는 것이 아닌가? 대통령이나 구두닦이나 다같이 세상일을 하는 우리 국민들이네. 세상에는 천한 직업이라고는 없네. 단지 천한 사람이 있을 뿐이라네."

1. 링컨의 자세는 기독교인들에게 직업에 대한 어떤 깨달음을 줄 수 있을까요?

하나님께서 허락하신 직업이라면 그것이 곧 소명이며 모두 소중한 일이다.

교회 내에서도 세상 사람들의 기준에 따라 천한 직업과 귀한 직업을 구별하는 인식이 존재하는 것이 안타까운 현실이다. 그러나 세상의 기준이나 시각이 어떠하든지 지금 내가 하는 일이 하나님께서 나에게 허락하신 소명이자 직업이라면 모두가 소중한 것이다.

2. 귀한 직업과 천한 직업에 대해서 성경은 어떻게 말씀하고 있을까요? 전도서 3장 22절을 찾아 아래의 빈칸에 적고 그 구절이 주는 깨달음을 서로 나누어 봅시다.

> 〈전도서 3장 22절〉
> 그러므로 나는 사람이 자기 일에 즐거워하는 것보다 더 나은 것이 없음을 보았나니 이는 그것이 그의 몫이기 때문이라

하나님께서 허락하신 소명을 깨닫고 그 소명을 즐거운 마음으로 이루어가야 한다. 내가 하나님 앞에서 기쁜 마음으로 할 수 있는 일이 곧 나의 천직이요, 소명일 수 있다.

기독교인에게 귀한 직업과 천한 직업은 있을 수 없다. 단지 하나님께서 좋아하시는 일과 좋아하시지 않는 일이 있을 뿐이다. 성경 갈라디아서 5장 19~21절은 "육체의 일은 현저하니 곧 음행과 더러운 것과 호색과 우상숭배와 술수와 원수 맺는 것과 분쟁과 시기와 분냄과 당짓는 것과 이단과 투기와 술취함과 방탕함과 또 그와 같은 것들이라. 전에 너희에게 경계한 것 같이 경계하노니 이런 일을 하는 자

들은 하나님 나라를 유업으로 받지 못할 것이요."라고 말씀하심으로써 하나님께서 원치 않는 일의 모습들을 분명하게 가르쳐 주고 계신다. 하나님께서 나에게 허락하시고, 나에게 그 일을 통해 신앙인으로서의 삶의 가치를 깨닫게 하시며, 나아가서 즐겁게 일함으로써 세상을 섬길 수 있다면 그것이 분명 나의 소명이라고 할 수 있다.

3. 직업을 소명적 차원에서 이해할 때, 직업인은 어떤 자세를 가져야 할까요? 아래에 주어진 성경 말씀을 참고로 하여 정리해 봅시다. 이 외에도 자신이 생각하는 직업에 대한 기독교인의 바람직한 자세에 대해 나누어 봅시다.

잠 21:5
부지런한 자의 경영은 풍부함에 이를 것이나 조급한 자는 궁핍함에 이를 따름이니라

딛 2:10
훔치지 말고 오히려 모든 참된 신실성을 나타내게 하라 이는 범사에 우리 구주 하나님의 교훈을 빛나게 하려 함이라

딤전 4:15
이 모든 일에 전심 전력하여 너의 성숙함을 모든 사람에게 나타나게 하라

성실성, 천직에 대한 긍지, 충직과 청렴, 부단한 자기발전 등

바람직한 직업인의 자세로는 1. 성실하고 적극적인 자세 2. 사회의 역할분담과 사회에 대한 책임 3. 자신의 일에 대한 긍지와 사명감 4. 선의의 경쟁의식과 연대의식 5. 자신의 직업에 대해 양심을 갖는 윤리의식 6. 장인정신 7. 책임의식 8. 진취적인 자세 9. 부단한 자기발전 노력 10. 직업을 통한 사회봉사 등이 있다.

나의 소명, 나의 직업

아래의 글을 읽고 주어진 질문에 답해 봅시다.

달렌 피터슨은 33세에 교회 수련회에 참가하여 회심하게 되었다. 그는 회심 이후 자신이 잘하는 것으로 사람들을 행복하게 도와주고 싶다는 소명을 가지고 청소도우미 서비스 회사를 창업하게 된다. 그가 회사 운영의 목표로 내세운 것은 다음과 같다. "우리가 하는 모든 일에서 하나님을 경외하라. 개개인의 발전을 돕자. 탁월함을 추구하자. 이윤을 증대하자."

그는 이후 미국 최대의 청소회사 메리 메이즈의 설립자로서 서비스 업계의 신화적인 인물이 되었다. 1974년 아내와 어린 자녀 둘과 함께 직접 걸레통을 들고 다니며 시작한 작은 청소회사가 12년 만에 2,400만 달러의 가치를 지닌 초대형 기업으로 성장한 것이다.

그는 단지 사업의 성공뿐 아니라 기독교인으로서 진정한 의미의 성공 인생의 모델이 되었다. 사람을 최우선으로 생각하고 배려하는 원칙을 고객은 물론 동료와 협력자에게까지 실천하였음은 물론이고, 소외된 이웃을 향한 섬김과 봉사의 삶을 살고 있기 때문이다. 그는 진정한 성공과 행복을 다른 사람의 성공을 도와주고, 행복하게 해주는 데에서 찾으려고 했다.

그는 현재, 찰스 W. 콜슨과 함께 교도소선교회 사역을 감당하고 있고 서비스마스터 중역위원회, 월도프대학평의원회, 루터신학교이사회 등에서 봉사하고 있다. 달렌은 경영 일선에서는 떠나 있지만 여전히 그의 아내 글레니스와 함께 플로리다 주 네이블즈에서 소외된 이들의 따뜻한 이웃으로 살고 있다.

직장사역연합 인터넷 홈페이지(http://www.bmi.or.kr) 자료 참조
갓피플몰(http://mall.godpeoplel.com)의『행복한 청소왕』저자 소개 참조.

1. 위 이야기에서 달렌 피터슨이 기독교인으로서 발견한 자신의 소명은 무엇이었습니까?

자신이 잘하는 것으로 사람들을 행복하게 해 주는 것
구체적으로는 집을 깨끗하게 청소해주어 가정의 행복을 돕는 것
고객 뿐 아니라 동료와 협력자들이 자신을 통해 행복해지는 것

'직업적 재능'이란 세상을 살아가면서 고유하게 부여받은 독특한 능력을 직업으로 연결하는 것을 말한다. 특별한 직업적 재능은 창조주로부터 고유하게 부여받은 능력이기 때문에 하나님의 소명이 될 수 있고, 천직과도 연결될 수 있다. 소명으로서의 천직은 먹고 사는 문제를 해결하는 동시에 자신의 재능을 발휘하므로 삶의 가치를 극대화시키는 이중의 효과가 있다.

 그런데 한편으로는 직업을 갖고 있지 않은 대다수의 전업 주부들의 입장도 생각해 보아야 한다. 남성 중심의 유교 문화 사회는 여성의 가사 노동은 일이 아니라고 생각했다. 하지만 인간의 역할을 귀중하게 여기는 기독교적 정신을 바탕으로 본다면 가사 노동도 소중한 소명이 될 수 있다. 가정 주부는 자녀를 바르고 신실한 하나님의 사람으로 키우는 교육자요, 다른 가족 구성원들이 제 역할을 잘 감당할 수 있도록 지원하는 병참부대요, 의무부대이며, 정신적 · 육체적인 쉼터의 기능을 하는 가정의 CEO라고 할 수 있는 것이다. 신앙인의 많은 수를 차지하는 전업 주부들의 소명의식을 바르게 인식하는 것도 중요한 문제라 할 수 있다.

2. 직장 생활과 일상 생활 속에서 소명의식을 가지고 살기 위해서 어떤 자세를 가져야 할까요? 구체적으로 이야기를 나누어 봅시다.

끊임없이 소명의식을 잃지 않는 동기를 부여한다. 직장 신우회나 선교회에 참여하여 신앙과 사회를 연결시키려고 노력한다. 맡겨진 일, 하고 있는 일을 더 잘할 수 있도록 개발한다. 성실성, 천직에 대한 긍지, 충직과 청렴, 부단한 자기발전 등

하나님을 믿는 것과 직업을 갖는 것, 혹은 일을 하며 산다는 것은 밀접하게 연관되어 있다. 일터에서 예배를 드리는 자세로 살아야 한다는 것이다. 일터도 하나님이 거하시는 처소이다. 그러나 일의 우상화(일중독)는 피해야 한다.
인도자는 모임에서 추상적인 이야기를 나눌 것이 아니라 학습자들이 자기의 입장에서 구체적으로 당장 취할 수 있는 자세나 태도, 방법들에 대해서 이야기를 나눌 수 있도록 인도해야 한다. 가정 주부로서 어떤 자세를 취해야 하는지 등도 세밀하게 나눌 수 있도록 하자. 짧은 예화로, 캐나다의 목재왕 깁슨은 물방앗간으로 시작하여 280여 마일(450km 정도)의 철도와 5,200 정보(15,600,000 평)의 산림을 소유한 부자가 될 수 있었다고 한다. 그의 성공비결은 세 가지다. 첫째, 술을 먹지 말 것. 둘째, 열심히 일할 것. 셋째, 하나님을 믿고 만사를 맡길 것이다.

새길말씀 외우기 ···
부지런하여 게으르지 말고 열심을 품고 주를 섬기라 (롬 12:11)

결단의 기도

사랑의 하나님! 저희들을 구원해 주셔서 영생의 삶을 살게 하시고 현실의 삶 속에서도 직업적 소명을 갖고 살게 해주심을 감사드립니다. 주신 달란트를 나의 재능으로 알고, 주신 직업을 천직으로 감사히 받아 하나님을 기쁘게 하며 영광 돌리는 삶을 살게 하옵소서. 다섯 달란트, 두 달란트 받은 종처럼 잘했다 칭찬 받는 청지기가 되게 하옵소서. 사회생활, 직장생활을 하는 가운데 주님이 주시는 능력과 지혜로 날마다 승리하며 살게 해 주시고 빛과 소금으로 살게 하옵소서. 직업적 무능과 불성실로 인해 하나님의 이름을 욕되게 하지 않게 하시고, 사회적 책임을 다하고 봉사하는 삶을 살게 하옵소서. 예수님의 이름으로 기도드립니다. 아멘.

평신도 양육교재
평가하기

평가항목	세부사항	그렇다	그저 그렇다	아니다
인도자의 준비도	인도자는 본 과의 교육목적을 이룰 수 있도록 충분하게 준비했습니까?			
교육목표의 성취도	1. 학습자가 일(직업)을 통하여 하나님의 소명을 이루어 갈 수 있음을 깨달았습니까? 2. 학습자가 하나님께서 허락하신 나의 소명을 깨닫고 그것의 구체적인 의미를 인식하며 소명을 이루기 위해 살 것을 결단하였습니까?			
학습자의 참여도	학습자들이 진지하고 적극적인 태도로 성경공부에 임했습니까?			
성경공부의 분위기	성경공부를 진행하는 동안 분위기가 자연스럽고 편안했습니까?			
기타 보완할 점	기타 보완할 점이나 건의사항이 있습니까?			

폭력 없는 사회

교육주제 폭력을 추방하고 평화의 삶 살기
배울말씀 창세기 4장 1–12절
도울말씀 미 4:1–5, 갈 5:13–15
새길말씀 온 율법은 네 이웃 사랑하기를 네 자신 같이 하라 하신 한 말씀에서 이루어졌나니
만일 서로 물고 먹으면 피차 멸망할까 조심하라(갈 5:14–15)

이룰 목표

① 인간이 가진 원초적 폭력성 때문에 빈곤과 기아, 가정 폭력 등의 문제가 일어남을 안다.
② 현대사회에서 급격히 늘어나고 있는 각종 폭력 현상의 심각성을 깨닫는다.
③ 화해와 평화를 원하시는 주님의 뜻이 사회에서 실현될 수 있는 구체적인 방안이 무엇인지
모색하고 이를 실천한다.

교육흐름표

20 min	20 min	40 min	40 min
관심	기억	반성	응답

교육진행표

구분	관심갖기	기억하기	반성하기	응답하기
제목	폭력으로 무너진 삶	인류 최초의 폭력	시기심과 폭력	평화를 만드는 사람들
내용	초등학교 시절부터 시작된 언어폭력으로 삶이 무너진 중학생의 신문기사를 읽고 폭력의 실태와 원인을 살펴본다.	가인이 아벨을 죽인 사건 속에서 폭력의 근원과 그 과정을 살펴본다.	시기심과 욕심이 분노로 표출되어 결국 폭력이나 살인에까지 이르게 됨을 깨닫고 시기심을 극복하는 방안을 찾아본다.	폭력의 가해자와 피해자 모두가 회복되는 공동체를 만들기 위해 기독교인으로서 해야 할 방안을 찾아보고 실천한다.
방법	신문기사 읽고 이야기하기	성경 찾아 답하기	성경 찾아 답하기	고민하고 토의하기
준비물	서영이 차트	성경책 가인과 아벨의 제사 그림	시기심 극복 차트	
시간	20분	20분	40분	40분

　폭력은 단순히 왜곡된 사회현상이 아닌 근원적으로 인간이 가진 죄의 문제이다. 성서도 '폭력'(violence, Gewalt)에 대해 가르치고 있다. 아담 이래 인간이 저지르고 있는 폭력은 하나님 창조에 대한 반역이라 할 수 있다. 인간은 하나님을 거역하는 죄를 짓고, 죄의 결과로 타락하게 되었다. 그리고 타락함으로 말미암아 피조 세계 내에서 다양한 폭력을 양산하고 있다. 그러므로 인간의 역사는 죄의 역사요, 죄의 역사는 폭력의 역사로 나타난다. 타락한 피조물들과의 상호 관계는 갈등과 모순으로 점철되는데, 이런 충돌이 결국 폭력을 야기한다는 것이 구약 첫 머리부터 나오는 주된 주제이다. 폭력으로 인해 세계가 하나님의 거룩한 창조 연관과 단절되어 버렸다.

　가인과 아벨의 이야기는 폭력이 어떻게 형성되고 진행되는지 그 과정을 보여준다. 시기심으로 시작된 형제간의 불화가 인간 본성에 철저하게 뿌리내리고 있는 죄의 근원을 고발하고 있다. 열등감과 이기심 때문에 타자를 거추장스럽게 생각하고 자신의 이기적인 목적을 관철하기 위해서 피를 나눈 형제일마저 축출하기를 마다하지 않는다. 인간은 끝없는 욕심을 충족하기 위해 끝없이 세력을 확장하고 급기야 폭력을 불사하고 만다.

1. 살인자 가인의 폭력

　가인이라는 이름이 가진 뜻은 '대장장이' 이지만, 그의 어머니 하와가 고백한 것처럼("내가 야훼로부터 득남하였다.") 이름의 유래는 '획득하다' '얻다' 이다. 왜 가인이 최초의 살인이라는 엄청난 폭력을 자기 동생에게 가하게 되었는가? 우리는 그 폭력의 이유를 창세기 4장 5절에서 찾아볼 수 있다. 성경은 하나님께서 왜 가인이 드린 제물을 받지 않으셨는지에 대한 이유를 분명하게 언급하지는 않는다.(어떤 제물을 받고 안 받고는 하나님의 절대 권한이다.) 그리고 가인이 왜 아벨을 죽일 정도까지 미워했는지 그 이유 또한 불분명하다. 굳이 이유를 댄다면, 아벨의 어떤 행위 때문이라기 보다는 가인 자신이 가진 문제 때문이었을 것이다. 가인은 하나님이 아벨을 자기보다 더 낫게 여긴다고 생각했다. 가인은 심한 열등감을 가졌다. 그로 인해 급격하게 분노하고 실망(안색이 변함)하였다. 실로 열등감이 자기보다 더 나은 것을 가진 사람들을 향해 적대감을 넘어 잔인한 폭력을 행사하는 불행한 결과를 가져왔다. 결국 가인은 한적한 들판에서 아우를 살해하는 폭력을 자행함으로 최초의 살인자가 되었다. 본문은 내면에 싹튼 작은 열등감이 무서운 살인으로까지 확대되는 폭력의 과정을 생생하게 보여주고 있다.

2. 폭력의 편만

오늘날 폭력이 가정에서(남편이 아내에게, 아내가 남편에게, 부모가 자식에게, 자식이 부모에게, 친족 간에), 학교에서(교사가 학생에게, 학생이 교사에게), 군대에서, 직장에서, 마을에서, 심지어 교회에서까지 일어나고 있다. 더 나아가 집단과 집단 사이의 폭력뿐만 아니라 국가와 국가 사이의 폭력인 전쟁이 있다. 이처럼 세계 내에서 폭력과 증오, 폭력과 억압, 폭력과 빈곤, 폭력과 전쟁 등 폭력과 관계된 반평화 문제가 작은 공동체부터 전 지구 공동체에까지 편만하게 퍼져 나가고 있다.

3. 화해와 평화의 주님

그렇다면 폭력에 대한 기독교적 해결책은 무엇이고, 기독교인은 구체적으로 어떻게 평화를 실천할 것인가? 그리스도를 증언하는 것은 평화 실천과 관련이 있다. 평화는 폭력적인 수단이 개입되는 것을 거절한다. 그리스도를 따르는 것은 비폭력의 개입이고, 폭력의 원천을 거듭 발견하는 것이며, 희생과 불의를 일으키는 폭력에 대한 저항이다. 불의의 세력, 불화의 세력이 우는 사자처럼 우리를 위협하는 현실 속에서 사랑 안에서 행하는 작은 평화를 실천해야 한다.

· 폭력(violence, Gewalt): "타인에게 신체적 고통이나 정신적 상처를 주려는 고의를 가지고 수행하는 행위"이다. 신체적 고통은 가볍게 때리는 것과 같은 작은 고통에서 살인까지 광범위하다. 일차적으로 폭력은 외적 현상으로 가해지는 신체적 폭력에 초점을 맞추지만 정신적, 심리적 폭력의 영향이 신체적 폭력 영향보다 더 크고 폭이 넓을 수 있다.

신체적 폭력에는 두 가지 범주가 있다. 통상적 폭력(normal violence)과 학대성 폭력(abusive violence)이다. 전자는 밀치기나 살짝 때리기 등과 같은 "인간이 상호 작용하는 과정에서 일어날 수 있는 통상적이고 용인될 만한 것으로 간주되는 행위"이고, 후자는 주먹질, 발차기, 목조르기, 후려치기, 돌로 치기, 칼로 찌르기, 총 쏘기 등 "당한 사람이 상해를 입을 가능성이 큰 행위"로 규정된다.

광신도 양육교재

관심갖기

폭력으로 무너진 삶

아래의 신문 기사를 읽고 주어진 질문에 답해 봅시다.

초등학교 5학년. 처음에 누가, 왜 그랬는지는 기억조차 안 난다. 부모님 일로 전학을 갔고, 그 얼마 뒤 시작됐단 것만 어렴풋이 떠오른다. 심하게 맞진 않았다. 그냥 아이들은 "왜 사냐."며 빈정거렸다. 처음엔 내가 새로 전학을 와서 그런 건가 생각했다. 그런데 어느새 그 몇몇이 우리 반 아이들로, 반 아이들이 전교생이 됐다. 그렇게 얼마 지나지 않아 난 이렇게 불렸다. '찐따'라고.

중학교 1학년. 일부러 집에서 멀리 떨어진 여자중학교에 지원했다. 초등학교 동창들을 만나기 싫어서. 그런데 미선이(가명)가 이 학교에 왔다. 초등학교 동창 중 한 명. 미선이가 몇몇 친구에게 나를 가리키며 쑥덕거리는 모습을 봤다. 불안했다. 아니나 다를까. 한 달도 되지 않아 내겐 '초등학교 때 왕따'라는 이름표가 붙었다. 이유 없는 괴롭힘은 같았지만 '나쁜 말' 수위는 훨씬 잔인해졌다. 이름이 없어지고 나는 이렇게 불렸다. '더러운 년', '창녀', '걸레'라고.

서영이를 따라다닌 '나쁜 말'의 악몽	
초등학교 5학년	·주로 교실에서 물리적 행동과 함께 일어나는 면대면 언어폭력 ·"네가 뭔데 재랑 똑같은 머리색을 하냐", "왜 사냐, 찐따같은 게"와 같은 말과 함께 서영이의 머리에 물을 뿌리거나 그녀에게 쓰레기를 집어 던지는 행동
중학교 입학 시기	·본격적인 언어폭력과 뒷담화의 시작. 성적인 욕설 등장 ·"더럽다", "골빈X", "창녀 같은 X" 같은 말과 함께 조별 활동 등에서도 소외
중학교 1학년 중반	·2G유대전화를 구입한 뒤 문자메시지에 언어폭력이 시작됨 ·어느 날 '444-4444'라는 발신번호로 문자가 오기 시작. "너 그딴 식으로 살지 마라", "X발 미친X아 니 얼굴 보니까 토 나와" 등 인신공격
중학교 2학년	·스마트폰으로 바꾼 뒤 페이스북과 단체 카카오톡(단톡) 등으로 SNS공격 시작 ·스마트폰에 있는 페이스북 애플리케이션으로 "미친X 찐따 아냐", "장애인이냐"는 욕설이 메시지로 도착
중학교 3학년	·원치 않던 사진 등을 돌려보고 놀리는 단계로 언어폭력이 한 단계 진화 ·잠옷 차림으로 불려나가 찍힌 사진이 단톡으로 퍼져 나간 뒤 다른 친구들이 "너 잠옷 사진 이쁘네?" 라며 비꼬아

　　중학교 2학년. 시도 때도 없이 신경이 곤두서 있었다. 아이들 입을 보기 무서웠다. 그들은 미술 시간에 내가 그린 그림을 찢으며 욕을 했다. 시험 기간엔 내 책상에 빨간 글씨가 쓰여 있었다. '죽어라'라는. 스마트폰을 쓰고 나선 집에서도 무서웠다. 페이스북과 단체 카카오톡 등을 통해 집단 공격이 시작됐다.

　　현재 중학교 3학년인 서영이(가명·16) 얘기다. 이미 5년째 따돌림에 시달리는 서영이에게 물었다. 뭐가 가장 힘든지. 집단구타? 아니었다. 이렇게 오래 괴롭힘을 당했지만 대체 자신이 뭘 잘못했는지조차 아직 모른다는 사실이었다. 또 '구타'보다 '말'이 더 무섭다고 했다. 특히 자신의 마음을 왜곡하는 말이 심한 욕설보다 아프다고 했다.

　　동아일보 2014년 1월 17일자 신진우, 곽도영 기자의 기사
　　"낮엔 교실서 밤엔 카톡으로… 집단 욕설에 삶이 무너졌다" 중에서

1. 학교폭력의 원인이 무엇이라고 생각하십니까?

　　각자의 생각을 들어 본다. 자극적, 폭력적으로 흘러가는 사회 분위기, 폭력적인 내용의 텔레비전 프로그램이나 게임 등. 그러나 가장 근원적인 것은 인간 자체가 갖고 있는 죄성 때문이다.

　　폭력은 "타인에게 신체적 고통이나 정신적 상처를 주려고 고의를 가지고 수행하는 행위"로 정의할 수 있다. 그런데 가해자가 의식적으로 행하는 폭력도 있지만 무의식적으로나 습관적으로 행해지는 폭력도 있어서 회복하기 어려운 상처를 남기기도 한다.
　　인간 내면에 깊이 감추어져 있는 악이 표면화되면서 광기와 증오, 불안과 절망으로 인해 야기되는 무서운 개인적 폭력, 집단 폭력이 이제 초등학생들 사이에서도 서슴없이 자행되고 있는 현실이다.

평신도 양육교재
기억하기
인류 최초의 폭력

배울말씀인 창세기 4장 1-12절과 주어진 성경 말씀을 읽고 다음 질문에 답을 하면서 타자(형제)에 대한 폭력이 어떻게 이루어졌는지 살펴봅시다.

1. 하나님께서는 왜 아벨(그림 자료)과 그가 드린 제물은 받으시고, 가인과 그가 드린 제물은 받지 않으셨을까요? (창 4:5, 히 11:4)

　　가인은 온전한 예배를 드리지 않았다.

　　성서는 하나님께서 왜 가인이 드린 제물을 받지 않으셨는지 그 이유를 직접적으로 언급하지 않는다. 다만 유추해 볼 때, 가인은 하나님께 온전한 예배를 드리지 않은 것 같다. 제물을 받고 안 받고는 하나님의 절대 권한에 속한다. 히브리서 11장 4절은 "믿음으로 아벨은 가인보다 더 나은 제사를 하나님께 드림으로 의로운 자라 하시는 증거를 얻었으니 하나님이 그 예물에 대하여 증거하심이라."라고 했다. 이 구절을 통해 가인의 제사에는 예배의 필수적인 요소가 믿음이 부족했음을 생각해 볼 수 있다.

2. 하나님께서 가인의 제물을 받지 않으셨을 때, 가인은 어떤 반응을 보였습니까? (창 4:5)

가인이 몹시 분하여 안색이 변했다.

하나님께서 가인의 제물을 받지 않으셨을 때, 가인은 얼굴색이 변할 정도로 분함을 느꼈다. 그리고 이기심과 시기심, 그리고 열등감을 제어하지 못하게 되자 애꿎은 동생에게 분노를 품게 되었다. 분노는 곧 안색이 변하는 것으로 나타났다. 폭력의 출발은 분노이다. 가인은 자신의 부족함을 깨닫고 그것을 솔직히 인정하지 않았다. 오히려 친동생을 경쟁 대상자로 간주하여 그를 증오하고 분노했다. 이런 불안과 불만이 결국 살인이라는 폭력의 형태로 돌변하고 말았다.

3. 분노한 가인은 결국 자기의 아우 아벨을 어떻게 했습니까? (창 4:8)

가인이 아벨을 돌로 쳐서 죽였다. 인류 최초의 살인 행위이다.

폭력의 절정은 살인이다. 살인의 전례가 없던 이 시기에, 단순한 폭력이 살인이라는 엄청난 죄악으로까지 발전하게 되었다. 가인은 인류 역사상 최초의 살인자가 되고 말았다. 참고로 예수님은 마태복음 5장 21-22절에서 사람을 살인하면 심판을 받게 되는데 사람이 성급하게 분노를 발하고 형제를 비난하며 모욕을 하거나 조롱하고 멸시하면 이 역시 살인을 한 자가 심판 받듯이 심판을 받게 될 것이라고 말씀하셨다.

4. "죄가 너를 원하나 너는 죄를 다스릴지니라." 라는 말씀의 뜻은 무엇일까요? (창 4:7)

인간에게는 죄성이 있어서 그것이 우리를 지배하고 파괴하려 하지만 인간은 그렇게 두어서는 안 되고 죄성을 잘 다스려야 한다.

가인과 아벨의 역사는 곧 폭력의 근원과 그것의 표출과정으로 요약된다. 형제간의 불화는 인간 본성에 철저하게 뿌리내리고 있는 죄의 근원에서 비롯되고 있음을 고발한다. 즉 가인은 자기 속에 있는 죄악의 쓴 뿌리인 자기 이기심과 열등의식을 통제하지 못했다는 것이다. 새번역은 이 구절을 이렇게 번역한다. '죄가 너의 문에 도사리고 앉아서, 너를 지배하려고 한다. 너는 그 죄를 잘 다스려야 한다.'

5. 하나님이 "네 아우 아벨이 어디 있느냐?"라고 물으셨을 때, 가인은 "내가 알지 못하나이다. 내가 내 아우를 지키는 자니이까?"라고 대답합니다. 이런 가인의 모습 속에서 우리는 인간의 어떤 모습을 발견할 수 있습니까? (창 4:9)

가인은 죄를 짓고도 괴로워하거나 회개하지 않았다. 동생을 죽였음에도 불구하고 그는 지금 당장의 자기만 중요하게 생각했다. 이러한 모습 속에서 인간의 죄성에 기인한 잔악함, 이기주의, 뻔뻔함 등의 모습을 볼 수 있다.

가인은 거짓말, 은폐와 기만을 일삼고도 오히려 무죄한 것처럼, 살인을 안 한 것처럼 당당한 모습을 보이고 있다. 그에게서 죄책감이라고는 전혀 찾아볼 수가 없다.

평신도 양육교재

반성하기

시기심과 폭력

다음 질문들에 언급된 성경구절을 참고로 하여 질문에 답해 봅시다.

1. 가인이 저지른 살인 폭력은 세 단계로 진행, 발전되고 있습니다. 그 시작은 무엇이었을까요? 야고보서 1장 15절을 참고해서 생각해 봅시다.

> "욕심이 잉태한즉 죄를 낳고 죄가 장성한즉 사망을 낳느니라" (약 1:15)

(욕심〈시기심〉) → 분노 → 살인

가인은 하나님께서 동생 아벨의 제사만 받으사 자신의 제사는 거부하신 것을 매우 못마땅하게 생각했다. 이것은 자기보다 낮게 여겨지는 동생에 대한 시기심이다. 시기심은 자기가 갖지 못한 것에 대해 품는 욕심이다. 야고보서의 말씀처럼 시기심이라는 욕심이 분노라는 죄를 낳았고 그 분노가 자라서 살인을 저지르는 폭력 상황을 초래했다.

2. 폭력의 근원인 시기심은 왜 극복되어야 합니까? 아래의 성경구절을 확인하여 그 이유를 알아봅시다.

1) 누가복음 9장 62절	내 삶의 사명으로부터 빗나가게 합니다.
2) 야고보서 4장 1절	다툼을 일으킵니다.
3) 야고보서 3장 16절	모든 악한 죄를 낳습니다.
4) 잠언 14장 30절	자기 스스로를 불행하게 만듭니다.

48 평신도 양육교재

'시기심'이라는 상태와 시기심이 일으키는 불행한 상황에 대해서 '목적이 이끄는 삶'의 저자인 릭 워렌 목사는 이렇게 이야기하고 있다.

> 사람이 다른 사람들을 부러워하고 시기하여 그 사람을 바라보게 되면 자기 자신의 초점을 잃게 된다. 하나님께서 내 삶을 통하여 하시고자 하는 사명에 열중하지 못하고 다른 사람들이 하는 일에 관심을 맞추기 시작한다.
>
> 다른 사람이 가진 것을 내가 원하기 시작하면 시기심이 생긴다. 이 시기심으로 인하여 충돌이 생기게 된다. 시기하게 되면 내 잔디가 이웃의 잔디보다 더 푸르기를 원할 뿐만 아니라 이웃의 잔디가 타서 갈색이 되기를 원한다.
>
> 시기심 때문에 거짓말을 하게 된다. 시기심 때문에 악담하게 된다. 시기심 때문에 살인하게 된다. 시기심으로 사람들의 삶에서 여러 가지 문제가 일어난다.
>
> 시기심은 사람의 행복을 파괴한다. 시기심은 파괴적이다. 시기심이 사람을 삼켜버린다. 시기심은 암보다도 더 나쁘다. 내가 주의하지 않으면 시기심은 나를 산 채로 삼킨다. 아마데우스라는 영화에서 살리에르가 모차르트를 시기하게 된다. 그는 모차르트와 그의 능력에 대한 시기심으로 가득 차서 거의 미칠 지경이 된다. 시기심이 그런 일을 한다. 내가 부러워하는 사람이 실수하기를 너무나 열렬히 원하기 때문에 그 결과로 내가 인생의 실패자가 된다. 시기심은 결과가 좋지 않다. 시기심은 우리를 파멸로 이끌어간다.

3. 폭력의 근원인 시기심을 어떻게 극복할 수 있습니까? 다음의 성경구절과 관련이 있는 문장을 서로 연결시켜 봅시다.

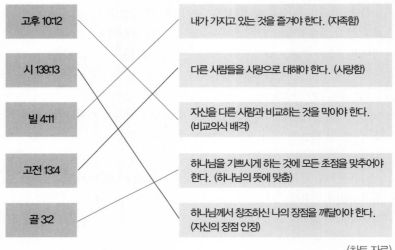

고후 10:12	내가 가지고 있는 것을 즐겨야 한다. (자족함)
시 139:13	다른 사람들을 사랑으로 대해야 한다. (사랑함)
빌 4:11	자신을 다른 사람과 비교하는 것을 막아야 한다. (비교의식 배격)
고전 13:4	하나님을 기쁘시게 하는 것에 모든 초점을 맞추어야 한다. (하나님의 뜻에 맞춤)
골 3:2	하나님께서 창조하신 나의 장점을 깨달아야 한다. (자신의 장점 인정)

(차트 자료)

1) 고후 10:12

"우리는 자기를 칭찬하는 어떤 자와 더불어 감히 짝하며 비교할 수 없노라 그러나 그들이 자기로써 자기를 헤아리고 자기로써 자기를 비교하니 지혜가 없도다"

자신을 다른 사람과 비교하는 것은 현명하지 못하다. 하나님께서는 그것을 미련한 짓이라고 말씀하신다. 비교하는 것이 시기의 뿌리이다. 비교하는 것이 모든 악의 근원이다.

2) 시 139:13

"주께서 내 내장을 지으시며 나의 모태에서 나를 만드셨나이다"

하나님께서는 나를 독특하게 만드셨다. 시기심은 열등감의 표현이다. 그리고 시기심은 불안에 기인하고 있다. 내가 얼마나 독특한가를 인식하지 못할 때에 시기심이 일어난다.

3) 빌 4:11

"내가 궁핍하므로 말하는 것이 아니니라 어떠한 형편에든지 나는 자족하기를 배웠노니"

내가 좀 더 가져야만 행복해질 거라고 믿는 사람들이 있다. 그렇지는 않다. 내가 남들과 같아져야 행복해질 거라고 생각하는 사람들이 있다. 그렇지도 않다.

4) 고전 13:4

"사랑은 오래 참고 사랑은 온유하며 시기하지 아니하며 사랑은 자랑하지 아니하며 교만하지 아니하며"

사랑은 시기 질투의 반대이다.

5) 골 3:2

"위의 것을 생각하고 땅의 것을 생각하지 말라"

하나님의 관점에서 보도록 하자. 물질적인 것들은 일시적이라는 것을 깨닫자. 영원히 계속되지 않는 것에 초점을 맞추지 말자. 10년도 계속 되지 않는 것들에 초점을 맞추지 말자. 영원히 계속되는 것에 초점을 맞추자. 그렇게 되면 경쟁이 별로 관계없게 된다.

시기심을 없애는 방법은 나를 향하신 하나님의 뜻, 나의 평생 사명을 완성하려고 열중하는 데에 있다. 그렇게 되면 다른 것들은 별로 중요하지 않다는 것을 알게 된다.

"시기심을 어떻게 극복합니까?" 중에서- 릭 워렌 목사

평신도 양육교재

응답하기

평화를 만드는 사람들

1. 나는 폭력의 가해자인가요, 피해자인가요? 혹 자신으로 인해 고통 받은 사람이 있었는지 돌아보세요.

이 질문은 가해자와 피해자를 구별하기 위한 질문이 아니다. 혹시 나의 사소한 말이나 의도적인 시기심으로 고통 받은 사람은 없었는지 돌아보고 혹시 고통 받은 사람이 있었다면 회개하는 시간을 갖기 위함이다. 따라서 편한 분위기에서 자발적으로 자신의 경험을 이야기하도록 초대하되 강요하지 말아야 한다. 이야기하는 학습자가 없을 경우에는 각자 생각해 보도록 하고 다음 질문으로 넘어가도록 한다.

2. 폭력의 가해자를 처벌하는 것보다 더 중요한 것은 가해자와 피해자가 모두 회복될 수 있는 공동체를 만드는 것입니다. 우리 사회가 폭력으로 상처 받은 사람들을 회복시킬 수 있는 공동체가 되기 위한 방법을 함께 찾아서 실천해 보세요.

①

②

③

학습자들이 자유롭게 방법을 논의하도록 하고 논의의 결과로 세 가지 이상의 구체적인 방법들을 정리하도록 한다. 함께 의논한 방법들을 학습자들이 만나는 사람들과의 모임(학부모 모임, 여전도회, 남전도회, 친척, 직장, 동호회, 지인들 등) 속에서 실천하기로 다짐하고 기도로 마친다.

새길말씀 외우기

온 율법은 네 이웃 사랑하기를 네 자신 같이 하라 하신 한 말씀에서 이루어졌나니 만일 서로 물고 먹으면 피차 멸망할까 조심하라 (갈 5:14–15)

결단의 기도

사랑의 하나님! 폭력이 난무하는 세상에서 수많은 사람들이 폭력으로 인해 고통하며 신음하고 있습니다. 우리 가운데 도사리고 있는 폭력의 근원인 시기심, 이기심, 분노를 먼저 잘 다스릴 수 있도록 힘을 주시고 악에 빠지지 않게 하옵소서. 폭력이 횡행하는 세상에서 평화와 화해를 실천하는 삶을 살아 세상의 빛이 되게 하옵소서. 예수님의 이름으로 기도드립니다. 아멘.

평신도 양육교재
평가하기

평가항목	세부사항	그렇다	그저 그렇다	아니다
인도자의 준비도	인도자는 본 과의 교육목적을 이룰 수 있도록 충분하게 준비했습니까?			
교육목표의 성취도	1. 학습자가 폭력의 근원이 시기심, 이기심, 분노임을 알고 기독교인은 이를 잘 다스려야 함을 깨달았습니까? 2. 학습자가 기독교인으로서 가정과 세상의 평화를 사랑하고 이를 위하여 실천하며 살아갈 것을 결단하였습니까?			
학습자의 참여도	학습자들이 진지하고 적극적인 태도로 성경공부에 임했습니까?			
성경공부의 분위기	성경공부를 진행하는 동안 분위기가 자연스럽고 편안했습니까?			
기타 보완할 점	기타 보완할 점이나 건의사항이 있습니까?			

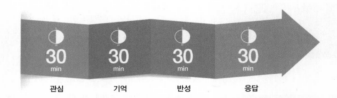

쉼과 여가

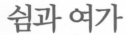

교육주제 쉼과 여가

배울말씀 창세기 2장 1–3절, 마가복음 2장 23–28절

도울말씀 마 11:28–30

새길말씀 수고하고 무거운 짐 진 자들아 다 내게로 오라 내가 너희를 쉬게 하리라

(마 11:28)

이룰 목표

① 사람들에게는 일한 후에 적절한 쉼이 필요함을 안다.

② 안식의 진정한 의미를 깨닫는다.

③ 건전한 오락이나 여가생활을 통해 바람직한 일상과 사회 문화를 조성한다.

교육흐름표

30 min	30 min	30 min	30 min
관심	기억	반성	응답

교육진행표

구분	관심갖기	기억하기	반성하기	응답하기
제목	일중독 사회	안식의 의미	예수님의 일상	여가와 놀이
내용	한국의 일중독 관련 신문 기사를 읽고, 일중독이 만연된 실태에 대해 이야기한다.	하나님께서 안식일을 정하신 이유와 예수님께서 가르치신 안식일의 본질적 의미를 이해한다.	예수님의 일상을 통해 여가를 의미 있게 보낼 수 있는 원칙을 찾아본다.	파괴적이고 퇴폐적인 놀이문화를 반성하고, 기독교적인 놀이문화를 찾아내어 실천한다.
방법	기사 읽고 이야기하기	성경 찾아 답하기	성경 찾아 답하기	토의하고 실천하기
준비물	세계인이 보는 한국, 워크홀릭 차트	안식일 풍경 사진	여가 쉼 차트	
시간	30분	30분	30분	30분

서구사회는 휴식과 원기회복을 이해하는 데 있어서 유대교와 기독교의 안식일 개념에서 그 뿌리를 찾는다. 안식일의 전통은 구약의 가르침 즉 창세기의 창조 기사로까지 소급해 간다. 본 과는 안식에 대한 창조주 하나님의 가르침을 통해서 히브리 성서 전통에 기반을 둔 안식의 본래적 의미에 대해서 알려준다. 더욱이 인간에게 있어 참된 안식이 무엇이고, 어떤 오락과 여가생활로 적절한 안식을 취할 수 있는지, 주님이 원하시고 마음과 몸을 회복시키는 안식의 삶이 어떻게 이루어지는지 살펴본다.

1. 안식의 축복

사람들은 일한 후에 쉬어야 한다. 노동 후에 휴식을 해야 한다. 창세기 2장에 나타나 있는 안식(2절)의 개념에는 큰 의미가 담겨있다. '안식'과 관계된 히브리어 용어는 두 가지이다. '쉬다'의 '누아흐'와 '안식하다', '노동을 그만두다' 혹은 '그치다'의 '샤바트' 동사이다. 그런데 2절에서 나타나는 동사는 바로 '샤바트'이다. 이 '샤바트'로부터 '안식일'(본문 3절)과 '안식년'(레 25:2, 대하 36:21) 개념이 파생되어 나왔다. 쉼이나 안식은 나태와 게으름을 의미하지 않는다. 노동 후에 오는 쉼은 축복이다. 반면 노동 없는 쉼은 고통이다.

2. 안식의 의미

창세기 2장에 나타난 '안식'의 의미는 신앙적 측면에서 매우 중요하다. 하나님은 창조 사역을 제 6일로 완전히 종결하지 않으시고, 제 7일을 만드시고 안식하심으로 시간 체계를 칠 일로 만드셨다. 하나님은 제 7일을 거룩하게 구별하시고 또 그 날에 참예하는 모든 대상을 쉼과 평화로움으로 인도하신다. '안식일'이란 하나님이 마련하신 역사 저 너머에 있는 안식의 세계를 일컫는다. 실제로 이스라엘 역사에 있어서 안식은 가나안 땅 정착과 함께 깃드는 그 땅에서의 여유와 평화로움을 만끽하는 것이다. 헤셀(A. Heschel)은 공간보다는 시간의 축제로서 안식일의 의미를 강조한다. 시간을 성화하는 상징으로서의 안식일은 인간을 생산편향적, 생산일방적 폭군으로부터 해방시킨다. 이런 측면에서 인간이 안식일을 지킨다기 보다는 안식일이 인간을 지킨다고 할 수 있다. 헤셀이 말하는 안식일은 '시간의 성소'로서 이해된다. 휴식과 원기회복의 상징으로서 안식일은 육체와 영혼의 내외적 평온을 의미한다.

3. 문화 창조로서의 오락

건전한 오락이나 여가생활은 문화 창조의 중요한 요소이다. 안식으로서 여가(자유로운 휴식시간)는 신앙적 측면에서 현대생활에 걸맞게 재해석되어야 한다. 개신교 전통에서의 여가는 생산적 노동에 복귀하기 위해 반드시 요구되는 원기회복의 준비기간으로 본다. 여가는 단순한 무노동, 육체적 쉼으로 끝나지 않는다. 오히려 여가는 육체적, 심리적 휴식 이상의 의미를 부여하는 문화 창조의 본질적 요소로 간주되어야 한다. 이렇게 이해된다면, 여가는 오락과 취미활동으로 이어질 수 있다. 개신교 전통에서 오락과 취미 생활이 신앙과 위배되는 부정적 요소로서 이해되고 심지어 불신앙으로까지 취급되곤 했다. 하지만 이제는 오락이 갖는 긍정적 의미를 다시 발견해야 한다. 재창조를 위한 놀이(오락)로서 여가가 그 자체로 의미 있는 목표로 권장되어야 한다. J. 한스는 놀이를 가치 창조적 활동으로 이해하고 있다.

용어, 지명 해설

· 안식일 : 하나님은 6일 간의 창조사역 후 제 7일에 안식일을 제정하셨다. 안식일은 출 16:25; 20:10; 신 20:3; 레 23:6; 20:8, 11; 렘 17:21; 겔 46:4; 느 10:32; 왕하 11:5, 7, 9 등에서 나타난다.

· 안식년(신 15:2, 렘 25:1-7) : 7년에 한 번씩 지키는 것으로, 6년 동안 토지를 경작하여 사용하다가 제 7년째 땅이 휴식할 수 있도록 아무것도 심지 않고 경작하지 않는 것이다.

· 희년(렘 25:8-22): 안식년이 7번(7x7=49) 지난 후 제 50년째 되는 해를 가리킨다.

· 일중독(Workaholic): 쉬지 않고 계속해서 일을 하여 일을 하지 않으면 오히려 불안하게 되는 상태를 일컫는다. 일중독으로 인해 가정불화나 각종 질병에 노출될 수 있고, 심지어 조기사망에까지 이를 수 있다.

관심갖기

평신도 양육교재

일중독 사회

일중독에 대한 기사문을 읽고, 주어진 질문에 답해 봅시다.

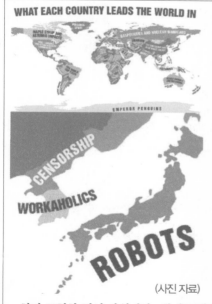

(사진 자료)

"나라별 대표 분야 세계지도 '눈길'… 세계인이 보는 한국은?"

최근 해외의 한 유명 만화사이트 '도그하우스 다이어리'가 각 나라를 대표하는 단어를 넣은 세계지도를 만들어 눈길을 끌고 있다. 세계은행과 기네스북 데이터를 바탕으로 만들어진 이 지도는 다소 코믹하면서도 사실적이다. 이 사이트에서 선정한 한국을 대표하는 단어는 '일중독자(workaholics)'이다. 아침부터 밤늦게까지 일만 한다는 의미의 단어가 우리나라를 대표하는 것처럼 표현한 점이 아쉽지만, 실제로 한국은 세계에서 가장 일을 많이 하는 국가로 알려져 있다. 이 만화사이트는 각 나라를 대표하는 단어로 북한은

'검열', 일본은 '로봇', 중국은 '이산화탄소 방출과 신재생에너지'를 선정했다. 인도는 '영화', 영국은 '파시스트 운동', 프랑스는 '관광'이 올랐다. 이밖에 스페인은 '코카인 사용', 네덜란드는 '키 큰 나라', 멕시코는 '번개 치는 나라', 독일은 '월드컵 거의 승리'가 올랐으며 남극에는 '황제펭귄 제국'이라는 타이틀이 붙었다.

국민일보 2013년 10월 23일자 김민석 기자의 기사 참조.

"휴일에 쉬면 가슴 답답… 나도 몰래 출근병"

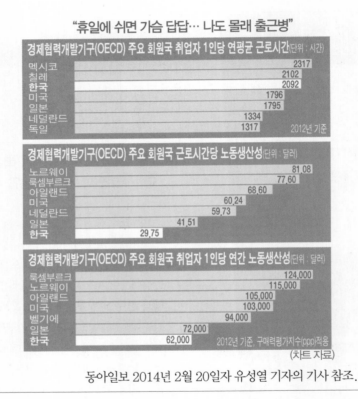

경제협력개발기구(OECD) 주요 회원국 취업자 1인당 연평균 근로시간(단위 : 시간)

국가	시간
멕시코	2317
칠레	2102
한국	2092
미국	1796
일본	1795
네덜란드	1334
독일	1317

2012년 기준

경제협력개발기구(OECD) 주요 회원국 근로시간당 노동생산성(단위 : 달러)

국가	달러
노르웨이	81.08
룩셈부르크	77.60
아일랜드	68.60
미국	60.24
네덜란드	59.73
일본	41.51
한국	29.75

경제협력개발기구(OECD) 주요 회원국 취업자 1인당 연간 노동생산성(단위 : 달러)

국가	달러
룩셈부르크	124,000
노르웨이	115,000
아일랜드	105,000
미국	103,000
벨기에	94,000
일본	72,000
한국	62,000

2012년 기준, 구매력평가지수(ppp)적용

(차트 자료)

동아일보 2014년 2월 20일자 유성열 기자의 기사 참조.

1. 위의 두 기사를 읽고 자신과 가족들, 혹은 주변 사람들의 삶은 어떠한지 이야기해 봅시다.

기독교인중에도 일중독자가 있을 수 있다. 오직 일에만 매달려 전혀 여유를 찾지 못하고, 주일에도 가족들과 함께 지내는 기회를 전혀 갖지 못하고 오직 일과 연관해서만 가족들을 연결시킬 수가 있다. 그러나 사람은 기계가 아니다. 사람은 일을 해야 할 의무가 있지만 그렇다고 일만 하는 존재는 아니다. 일이 탐욕과 자만과 착취의 도구가 되어서는 안 된다.

2. 하나님은 우리에게 안식도 명하셨습니다. 휴식 없는 일, 일중독에 대해서 어떻게 생각하십니까?

열심히 일하는 것은 반드시 필요한 것이지만, 쉼이 없는 일중독은 병이 될 수 있다. 곧 일종의 사회적 병리현상이다.

'일중독(Workaholism)'은 일에 계속해서 지나치게 몰입되어 일을 하지 않는 것을 오히려 불안하게 여기는 상태를 일컫는다. 일중독은 일종의 사회적 병리현상으로 해석할 수 있다. 인도자는 일중독의 위험성과 심각성에 대해 분명히 지적해야한다. 일중독으로 인해 가정불화나 각종 질병에 노출될 수 있고, 심지어 조기사망에까지 이를 수 있다.
취업포털 잡코리아는 직장인 1,735명을 대상으로 실시한 '직장인 워커홀릭(일중독증) 조사' 결과를 밝혔다. 결과에 따르면 직장인 51.2%가 자신을 일중독자로 생각하고 있었다. 이에 비해서 28.2%만이 본인이 일중독자가 아니라고 대답했다. 나머지 20.6%는 '보통'이라고 답했다. 자신을 '일중독자'로 생각하느냐는 질문에 '그렇다' 또는 '매우 그렇다'라고 대답한 비율은 30대 직장인이 61.5%로 가장 많았고 이어 40대(39.4%), 20대(34.7%), 50대(30.8%) 순이었다. 기업 형태별로는 대기업 직장인들이 54.1%로 가장 많았다. 이어 중소기업(51.5%), 외국계 기업(50.0%) 등의 순이었으며, 공기업(40.0%) 직장인들은 상대적으로 다른 기업에 비해 일중독자라고 여기는 정도가 낮았다. (2007년 1월 18일자 동아일보 기사 참조)

배울말씀인 창세기 2장 1-3절, 마가복음 2장 23-28절을 읽고 주어진 질문에 답해 봅시다.

1. 하나님께서는 창조 사역을 마치신 후 일곱째 날에 무엇을 하셨습니까?
   (창 2:2)

   안식하셨다.

   하나님은 창조 사역을 마친 후에 안식(사진 자료)하셨다. 안식은 분명한 하나님의 계획이다. 창조주 하나님이 취하신 안식은 피조물인 인간에게도 시사하는 의미가 크다. 히브리서 4장 10-11절은 "이미 그의 안식에 들어간 자는 하나님이 자기 일을 쉬심과 같이 자기 일을 쉬느니라. 그러므로 우리가 저 안식에 들어가기를 힘쓸지니..."라고 기록함으로 안식의 중요성을 다시금 일깨우고 있다.

2. 하나님께서는 왜 일곱째 날을 복 주시고 거룩하게 하셨습니까? (창 2:3)

   모든 일을 마치시고 안식을 하셨기 때문이다. 안식은 매우 그토록 중요한 의미를 갖고 있다.

   하나님께서 일의 한계를 정하시고 인간들로 하여금 휴식하게 함으로써 인간에게 유익되게(복되게) 하셨다. 하나님께서는 안식일을 통해 인간이 참된 안식과 평안과 행복을 누리도록 하셨다. 안식일을 축복하심으로 인간들이 안식과 안식일의 귀중함을 일깨우도록 하셨다.

3. 바리새인들은 안식일에 예수님의 제자들이 이삭을 자르는 것을 비난했습니다. 이와 관련해 예수님께서 다시금 안식일의 본질적 의미에 대해 설명하셨습니다. 그것은 무엇입니까? (막 2:23-28)

사람이 안식일을 위해 있는 것이 아니라 안식일이 사람을 위해 있다.

바리새인들은 안식일에 어떠한 일도 해서는 안 된다고 생각했다. 그래서 사람이 생존을 위해 안식일에 이삭을 자르는 행위조차 그들은 용인하지 않았다. 그들은 안식일을 문자적 의미로만 지키려고 했다. 안식일의 껍데기만 붙잡으려고 했지 알맹이는 버리고 말았다. 안식일은 말 그대로 안식하는 날이다. 배고픈 자들이 먹고 살기 위해 한 일을 금지하지 않고 비난하지 않는 것이야말로 안식일의 정신을 바로 지키는 것이다. 예수님은 그런 의미에서 단지 안식일을 지키는 것에 급급해하는 것을 원치 않으셨다.

4. 참된 안식을 얻을 수 있는 길은 무엇일까요? 마태복음 11장 28절을 찾아 적어 보고 그 답을 찾아봅시다.

〈마 11:28〉
수고하고 무거운 짐 진 자들아 다 내게로 오라 내가 너희를 쉬게 하리라

예수 그리스도만이 우리에게 참된 안식을 주신다.

사람은 안식일의 주인이신 예수 그리스도 안에 거할 때 참된 안식을 얻을 수 있다. 예수님 없는 안식은 참된 안식이 아니다. 예수님을 통해야 새 생명을 얻어 새 인간으로 거듭날 수 있게 되기 때문이다. 안식조차도 그와 함께할 때 의미가 있다.

1. 여가 때 하는 놀이나 오락으로 얻는 즐거움에 대해 어떻게 생각하십니까? 전
   도서 5장 18절 말씀을 읽고 생각해 봅시다.

> 사람이 하나님께서 그에게 주신 바 그 일평생에 먹고 마시며 해 아래에서 하는 모
> 든 수고 중에서 낙을 보는 것이 선하고 아름다움을 내가 보았나니 그것이 그의 몫
> 이로다
>
> (개역개정 전 5:18)
>
> 그렇다. 우리의 한평생이 짧고 덧없는 것이지만, 하나님이 우리에게 허락하신 것
> 이니, 세상에서 애쓰고 수고하여 얻은 것으로 먹고 마시고 즐거워하는 것이 마땅
> 한 일이요, 좋은 일임을 내가 깨달았다! 이것은 곧 사람이 받은 몫이다.
>
> (새번역 전 5:18)

하나님께서 창조하신 세상에서, 하나님께서 허락하신 즐거움을 누리는 것도 감사
할 일이다.

과거의 빗나간 놀이문화로 말미암아 한때 기독교에서는 건전한 놀이조차 부정하
고 과소평가하고, 심지어 죄악시 하는 경우도 있었다. 하지만 건전하고 창조적인
놀이나 오락 속에서 얻게 되는 즐거움은 선하고 좋은 것이다. 그러므로 교회에서
성도들에게 건전하고 즐거우며 의미있는 놀이문화와 여가 활동들을 소개하고 권
장할 필요가 있다. 여기서 여가활동이란 놀이를 포함하여 일을 하지 않는 시간 중
에서 삶을 풍요롭게 할 수 있는 시간이나 활동을 의미한다.

2. 예수님의 모습을 통해서 우리가 일하는 시간 이외의 시간, 곧 여가를 의미있
   고 유익하게 보낼 수 있는 원칙들을 발견하게 됩니다. 주어진 성경구절을 찾
   아 예수님께서 어떤 일을 행하셨는지 살펴보고, 그와 연관지어서 우리들의 여

가와 쉼이 어떠해야 하는 생각해 봅시다. 관련 있는 것끼리 줄로 이어 봅시다.

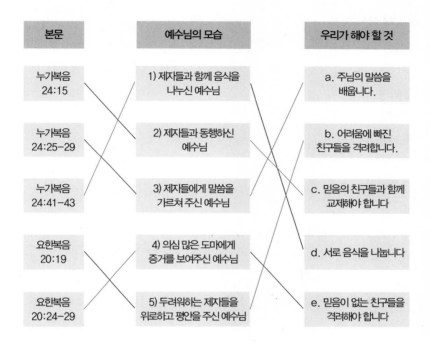

본문	예수님의 모습	우리가 해야 할 것
누가복음 24:15	1) 제자들과 함께 음식을 나누신 예수님	a. 주님의 말씀을 배웁니다.
누가복음 24:25-29	2) 제자들과 동행하신 예수님	b. 어려움에 빠진 친구들을 격려합니다.
누가복음 24:41-43	3) 제자들에게 말씀을 가르쳐 주신 예수님	c. 믿음의 친구들과 함께 교제해야 합니다
요한복음 20:19	4) 의심 많은 도마에게 증거를 보여주신 예수님	d. 서로 음식을 나눕니다
요한복음 20:24-29	5) 두려워하는 제자들을 위로하고 평안을 주신 예수님	e. 믿음이 없는 친구들을 격려해야 합니다

예수님의 모습은 모두 다섯 가지로 정리될 수 있다. 시간 관계상 한 명에게 하나의 구절을 찾아보게 한 후에 자신에게 맡겨진 내용을 발표하게 하고 인도자가 다시 한 번 점검해 주는 것도 효과적인 진행방법이 될 수 있다.

단순히 어떤 놀이를 할 수 있는지, 어떤 여가활동을 해야 하는지, 어떻게 놀아야 하는지에 대해서 다루기보다는 넓은 의미에서 의미 있는 여가를 보내며 쉼을 누릴 수 있는 원칙들을 생각해 볼 수 있는 기회가 되도록 하자.

참고로 웹스터 사전에서 나타난 놀이 곧 '레크레이션(Recreation)' 또는 '플레이(Play)'의 의미는 다음과 같다. ① 새로운 생명이나 신선함을 부여하는 것 ② 건강에로의 회복 ③ 작업 후에 힘과 정신의 신선함을 부여하는 것 ④ 신선하게 되는 법 등

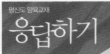

여가와 놀이

1. 다음은 우리 주변에서 흔히 볼 수 있는 놀이 형태들입니다. 각 내용에 대해서
   부정적인 측면과 그것을 극복하는 방법들에 대해서 이야기 나누어 봅시다.
   ① 각종 도박
   ② 퇴폐적이고 선정적인 사교춤
   ③ 음주 문화
   ④ 인터넷을 통한 음란 문화
   ⑤ 폭력적 컴퓨터 게임 문화

   각자의 생각과 이야기를 나누어 본다.

   '빗나간 놀이 문화'란, 잘못된 인식을 가지고 시작하여 빗나간 방법으로 놀이를 펼
   쳐간 결과, 인간에게 창조할 수 있는 생산적 존재로서의 힘을 주는 것이 아니라 오
   히려 삶을 더 피곤하게 만들고, 비생산적인 상태로 전락시키는 결과를 빚어내는
   것을 말한다. 빗나간 놀이 문화가 나타나게 되는 근본적인 사회 심리적 원인은 여
   러 가지 문제와 쌓인 스트레스를 긍정적이고 유익한 방법으로 해결하지 못하고
   문제에 대해 도피하거나 부정적인 방법을 택하기가 쉽기 때문이다. 이 때문에 자
   신과 타인에 대해 파괴적인 결과를 초래하게 된다.

2. 기독교인으로서, 혹은 교회 공동체가 할 만한 취미 혹은 놀이문화에는 어떠한
   것들이 있을까요? 자신의 경험을 통해 이야기하고 서로 좋은 정보를 공유하고
   실천하도록 합시다.

나만의 여가	악기 연주, 걷기 여행
가족의 여가	함께 등산하기
교회에서의 여가	축구 선교회 활동
사회에서의 여가	독서 모임

각자의 경험을 바탕으로 한 의견들을 들어본다. 예술, 스포츠, 취미 활동과 관계된 프로그램들을 어떻게 더욱 효과적이고 의미있게 이용할 수 있을지 이야기해 보자.

바른 놀이문화를 위한 프로그램은 실로 다양하다. 그 예를 구체적으로 나열해 보면 다음과 같다.

가) 음악을 중심으로 한 놀이 문화: 기타, 피아노, 바이올린 등 악기를 배우는 각종 음악 교실이나 연주회, 혹은 동호회 활동

나) 운동 프로그램을 통한 놀이 문화: 배구, 농구, 탁구, 축구 등 교회 내에서 운동 동아리나 지역사회 내에 스포츠클럽을 조직 운영하여 계속적으로 즐기게 하는 놀이문화를 창출할 수 있다.

다) 연극반 조직.

라) 독서클럽 조직.

마) 민속춤 클럽.

바) 그림 그리기, 꽃꽂이, 사진클럽, 조각클럽, 등산클럽 등 다양한 취미활동

이러한 구체적인 활동을 위의 반성하기에서 다룬 예수님의 활동과 연관시켜서 의미를 부여해 보도록 하자.

새길말씀 외우기

수고하고 무거운 짐 진 자들아 다 내게로 오라 내가 너희를 쉬게 하리라
(마 11:28)

결단의 기도

사랑의 하나님! 우리에게 일할 수 있는 축복을 허락해 주심을 감사드립니다. 또한 일한 후에 안식할 수 있도록 여건을 만들어 주심을 감사드립니다. 안식 가운데 여가를 선용하게 해 주시고 올바른 여가활동을 통해 영육간에 강건한 삶을 살게 하옵소서. 예수님의 이름으로 기도드립니다. 아멘.

평신도 양육교재
평가하기

평가항목	세부사항	그렇다	그저 그렇다	아니다
인도자의 준비도	인도자는 본 과의 교육목적을 이룰 수 있도록 충분하게 준비했습니까?			
교육목표의 성취도	1. 학습자가 성서적 안식의 의미와 쉼의 가치에 대해서 깨달았습니까? 2. 학습자가 기독교인으로서 의미있고 즐겁게 보낼 수 있는 여가의 방법을 찾고 그것을 기쁨으로 실천하기로 결심하였습니까?			
학습자의 참여도	학습자들이 진지하고 적극적인 태도로 성경공부에 임했습니까?			
성경공부의 분위기	성경공부를 진행하는 동안 분위기가 자연스럽고 편안했습니까?			
기타 보완할 점	기타 보완할 점이나 건의사항이 있습니까?			

MEMO

5
평신도 양육교재

자연과 화해하는 삶

교육주제   하나님께서 창조하신 생태계 살리기

배울말씀   창세기 1장 24-29절

도울말씀   시 104편, 창 6:13-22, 롬 8:19-23

새길말씀   하나님이 그들에게 복을 주시며 하나님이 그들에게 이르시되 생육하고
          번성하여 땅에 충만하라, 땅을 정복하라, 바다의 물고기와 하늘의 새와
          땅에 움직이는 모든 생물을 다스리라 하시니라 (창 1:28)

이룰 목표

① 자연 훼손과 각종 재해, 에너지 문제가 인류에게 심각한 영향을 끼친다는 것을 안다.

② 하나님께서 맡겨주신 피조물에 대한 인간의 관리 책임성을 인식하고, 자연의 훼손이
   인간의 죄에서 비롯되고 있음을 깨닫는다.

③ 자연 질서의 회복을 위해 할 수 있는 일들을 살펴보고 실천한다.

교육흐름표

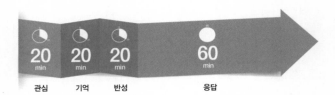

관심	기억	반성	응답
20 min	20 min	20 min	60 min

교육진행표

구분	관심갖기	기억하기	반성하기	응답하기
제목	신음하는 자연	태초부터 지금까지	자연과 화해하기	자연을 살리기 위해
내용	인간의 부주의로 인한 환경 오염 사건 자료를 읽고, 환경 오염의 심각성을 깨닫는다.	태초부터 지금까지 하나님께서 만드신 자연이 인간의 죄로 인해 훼손되어 왔다.	생태계 파괴의 원인과 회복을 위한 근본 자세를 성경 속에서 찾아서 확인한다.	난지도 공원의 회복 사례를 살펴보고, 개인과 교회가 자연을 살리기 위해 실천할 수 있는 방안을 논의하고 실천한다.
방법	자료 읽고 이야기하기	성경 찾아 답하기	성경 찾아 답하기	자료 읽고 실천하기
준비물	환경오염 사진	성경책	성경책	난지도, 하늘공원 사진 환경오염방지 차트
시간	20분	20분	20분	60분

자연재해, 지구온난화, 환경오염 등의 재해로 인한 피해들이 세상을 휩쓸고 있다. 자원고갈, 대기와 수질 오염, 핵폐기물 공해, 산림훼손, 종의 감소와 멸종, 생물의 다양성 파괴, 유전공학의 오용, 오존층 파괴 등은 지구의 생태계를 위협할 뿐만 아니라 인류의 생존과 번영 자체에 회의를 갖게 한다.

1. 환경오염의 위험

우리나라에서 환경오염의 심각한 첫 사례로 기억되는 낙동강 페놀오염사고는 폐수를 무단 방류한 대기업의 부도덕성과 수질관리 당국의 태만과 무지가 어우러져 빚어진 전형적인 환경오염 사건이었다. 이로 인해 대구시 근교 모든 지역 주민이 엄청난 정신적 신체적 피해를 입게 되었다. 그 외에 시화호 간척지 개발사업, 반환된 미군기지 환경오염, 여름철 황사현상 등이 환경오염의 심각성을 알려주고 있다. 이처럼 인간의 무한정한 이윤 추구나 제동 없는 경제 발전 논리가 인간과 생물의 생명을 위협하는 환경오염을 조장하고 있다. 마치 브레이크 없이 질주하는 차량처럼 말이다.

2. 창조질서 속의 자연

성서는 세계가 하나님의 창조질서 안에서 움직이고 있음을 증언하고 있다. 하나님은 창조질서를 세우신 만물의 창조주이시고 소유주가 되신다. 여기서 창조질서라 할 때, 이것의 의미는 하나님, 인간 그리고 자연이 유기적인 관계에 놓여 있다는 것을 말한다. 하나님은 창조질서 속에서 인간을 포함한 우주 만물을 다스리신다. 만물이 조화를 이루도록 섭리하실 뿐만 아니라 인간이 하나님의 형상에 따라 다른 피조물을 관리하고 보존하게 하셨다.

자연은 이렇게 하나님의 창조질서 속에서 움직이고, 모든 생물은 그런 질서 속에서 생명을 영위하게 되었다. 창세기 1장 24절은 하나님이 지구 위의 온 땅에 다양한 생물이 가득 차도록 생태계를 직접 만드셨다는 것을 보여준다. 각종 생물은 하나님의 작품이다. 하나님은 창조된 생물들을 보시고 좋아하셨다(25절). 이는 하나님에 의해 지어진 창조세계가 이미 질서에 맞게 움직이고 균형을 이루고 있음을 보여준다. 하나님과 자연 환경의 관계는 종속적이고, 자연환경은 온전한 창조질서에 놓여 있다.

인간은 자연처럼 하나님에 의해 창조된 피조물이다. 자연의 일부가 되며 자연과 더불어 살아갈 수밖에 없는 존재가 바로 인간이다. '우리의 형상에 따라'(26절)에서 '우리'라는 표현은 하나님의 삼위일체 교리를 뒷받침하는 근거이기도 하지만 또 다른 깊은 의미를 담고 있다. 히브리 문법에서 이러한 표현은 심사숙고한다는 의미로 이해된다. 하나님이 만물의 영장인 인간을 창조하실 때, 심사숙고해서 만드셨다는 의미를 담고 있다. 이는 그 이전의 동물창조에는 없던 표현양식이다.

'땅을 정복하라'(28절)는 말은 통치보다는 '땅에 충만하라'는 의미에 더 가깝다. 착취와 파괴로 느껴질 수 있는 정복과는 거리가 멀다. 한편 '다스리라'는 말은 인간에게 주어진 통치 명령으로서 하늘과 땅, 바다 세 영역의 대표적인 생물체에 대한 하나님의 통치권을 지녔음을 보여준다. 섬기고 보존하라는 뜻으로 땅의 보호자, 관리인, 보존자로서의 청지기적 의미이다. 이 청지기직은 인간에게만 국한되는 것이 아니라 모든 생명체와 모든 자연에까지 확장된다. 인간의 청지기적 정신은 돌봄과 책임이다.

인간은 하나님의 형상대로 지음을 받은 특별한 이성적, 창조적 존재로서 피조된 자연세계(생태계)를 대표하고 보호하고 관리하여야 하는 대표자, 보호자, 관리자로서의 사명을 하나님께 부여받았다. 이것이 바로 생태적 청지기 개념이다.

3. 자연파괴와 인간의 죄

인간의 죄는 하나님과 인간, 인간과 인간, 인간과 자연의 관계를 왜곡 내지 단절시키는 결과를 초래했다. 죄 지은 인간은 자연을 보호하고 관리하는 책임을 다하기 보다는 자신의 욕심을 채우기 위해 자연을 착취하고, 남용하여

오염시키고, 파괴하는 잘못을 저지르고 말았다. 특별히 현대에 들어와서 급속히 발달한 기술은 인류의 진보라는 미명 하에 자연 착취와 파괴를 일삼고 있다.

인간의 끝없는 욕심과 죄악으로 인하여 점차 파괴되어가는 생태계는 창조 질서의 왜곡과 관계 단절이라는 결과로 귀착되었다. 이제 생태계는 자생하지 못할 정도로 균형을 잃어버리고 위기에 직면해 있다. 생태계의 위기는 그것 자체로 끝나지 않는다. 이제 자연이 인간을 공격하고 위협하기 시작한다. 자연이 인간에게 폭력을 행사한다. 자연의 폭력은 지구의 생태계를 위협할 뿐만 아니라 인류의 생존과 번영 자체에 회의를 갖게 한다. 기독교인은 무엇보다도 위기에 처한 생태계의 종말과 미래에 염두를 두고 그에 대한 창조 보존과 회복의 책임적인 자세를 가져야 할 것이다.

용어, 지명 해설

· 형상 : 이 말은(히브리어로 첼렘, 라틴어로 이마고) 그림자, 닮음을 뜻하는데, 모양을 뜻하는 히브리어 '데무트'와 동일어로 사용된다. 언어적으로 형상과 모양은 의미상 다르지 않다. 하나님의 형상을 따라 인간이 창조되었다고 할 때, 형상의 의미는 1. 인간은 존엄성을 갖고 태어난, 상호 평등한 존재, 2. 대리 통치권을 가진 존재이다.

· 청지기 : 자연환경의 모든 분야에 손이 미치고(충만하여) 봉사를 통하여 이김으로써(정복하여) 관리하는(다스리는) 사람을 말한다. 청지기는 자연을 맡아서 재배하고 돌보고 지켜야 한다. 청지기는 자연환경과 더불어 살아야 하고 이때 자연환경은 인간과 함께 살아가는 동반자로 나타난다.

신음하는 자연

아래의 글을 읽고 질문에 답해 봅시다.

(사진 자료)

1991년 3월 14일 경상북도 구미시 구포동에 있는 D전자의 페놀 원액 저장 탱크에서 페놀수지 생산라인으로 통하는 파이프가 파열되는 일이 발생했다. 30톤의 페놀원액이 옥계천을 거쳐 대구의 상수원인 다사 취수장으로 흘러듦으로써 수돗물을 오염시켰다. 페놀 원액은 14일 밤 10시경부터 다음 날 새벽 6시까지 약 8시간 동안이나 새어 나왔으나 발견하지 못했고, 수돗물에서 악취가 난다는 대구 시민들의 신고를 받은 취수장 측에서는 원인을 규명하지도 않은 채 페놀 소독에 사용해서는 안 되는 염소를 다량 투입, 사태를 악화시켰다. 다사 취수장을 오염시킨 페놀은 계속 낙동강을 타고 흘러 밀양과 함안, 칠서 수원지 등에서도 잇따라 검출되었고, 부산, 마산을 포함한 영남 전 지역은 페놀 파동에 휩쓸리게 되었다.

이 사고로 대구지방 환경청 공무원 7명과 D전자 관계자 6명 등 13명이 구속되고, 관계 공무원 11명이 징계 조치되는 등 환경사고로는 유례없는 문책인사가 뒤따랐다. 또 국회에서는 진상 조사위원회가 열렸고, 각 시민 단체는 수돗물 페놀 오염대책 시민단체 협의회를 결성하였으며, D 회사 제품 불매운동이 확산되기도 하였다.

낙동강 페놀오염사건, 엔싸이버 백과사전

1. 오래 전에 있었던 이 환경오염 사고는 누구 때문에 일어난 일인가요?

환경오염을 야기한 기업의 부도덕성과 관계 당국의 태만함, 곧 인간 때문에 일어난 사건이다.

낙동강 페놀오염사고는 폐수를 무단 방류한 대기업의 부도덕성과 수질관리 당국의 태만과 무지가 어우러져 빚어진 전형적인 환경오염 사건이었다. 이로 인해 대구시 근교 모든 지역 주민이 엄청난 정신적·신체적 피해를 입게 되었다. 한 예로 오염된 물을 식수로 마신 주민들이 심한 두통과 구토 증세를 보였고, 임산부 8명이 자연유산과 임신중절의 고통을 겪었다.

2. 요즘도 우리 주변에서 낙동강 페놀방류 같은 환경오염 사례를 흔히 발견할 수 있습니다. 자신이 알고 있는 다른 사례를 나누어 봅시다.

시화호 간척지 개발사업, 반환된 미군기지 내의 심각한 환경오염, 여름철 황사현상, 서해안 태안반도 기름유출 사건 등

'시화호 간척지 개발사업'은 수도권 인구와 산업체를 분산하고 해외진출 건설업체들의 건설 경기 불황을 타개할 목적으로 이루어진 것으로, 이로 인해 새로이 조성되는 농경지와 공업단지에 농업용수와 공업용수를 확보할 수 있었다. 그러나 인근 시화공단과 반월공단으로부터 유입되는 산업폐수와 신길천, 아산천, 반월천, 동화천 등 5개 지천으로부터 유입된 오수에 대한 대책 없이 방조제가 건설되어 하루 약 49만 톤의 오폐수가 시화호로 직접 유입되고 방조제 안의 해수가 오염되기 시작했다. 이 시화호 개발은 해양 생태계 파괴로 이어졌다.

최근 미국이 우리 정부에 반환한 미군기지는 환경오염으로 얼룩진 땅이었다. 반환된 땅을 치유하는 데에 수조 원의 돈이 들어갈 것으로 예상되고 있는데, 이 비용을 한국 정부가 고스란히 다 떠맡아야 한다.

여름철 황사현상이 심각하다. 중국의 경제 개발로 인한 환경파괴와 사막화 현상으로 인한 황사 현상이 국민 건강을 위태롭게 하고 있다.

서해안 태안반도 기름유출 사건은 더 이상의 설명이 필요없는 심각한 환경 오염 사건이었다. 다행히 많은 자원봉사자들의 헌신으로 또 다른 희망을 안겨주긴 했지만 그 피해는 상상을 초월한다. 이처럼 인간의 무한정한 이윤 추구와 제동 없는 경제 발전 논리, 인간중심적 이기주의가 인간과 생물의 생명을 위협하는 환경오염을 가져왔다.

평신도 양육교재
기억하기

태초부터 지금까지

배울말씀인 창세기 1장 24-29절을 읽고 아래의 질문에 답해 봅시다.

1. 하나님께서는 창조하신 자연세계를 어떻게 여기셨습니까? (창 1:25)

   보시기에 좋았더라. 하나님께서 좋아하셨다.

   창조된 세계는 그 자체로 질서가 있었고, 완벽한 균형을 이루고 있었으므로 하나님이 보실 때에 만족하셨고 기뻐하셨다고 할 수 있다.

2. 하나님께서 자연에 대해 인간에게 내리신 3가지 명령은 무엇인가요?
   (창 1:26, 28)

①	충만하라 : 생육하고 번성하여 땅에 충만하라.
②	정복하라 : 땅을 정복하라.
③	다스리라 : 바다의 물고기와 하늘의 새와 땅에 움직이는 모든 생물을 다스리라.

여기서 '땅을 정복하라'는 말은 제국주의적 통치를 일컫는 착취와 파괴를 의미하는 정복과 거리가 먼 단어이다. 그리고 '다스리라'는 말은 인간에게 주어진 통치 명령으로서 하늘과 땅, 바다 세 영역의 대표적인 생물체에 대한 하나님의 통치권에 대한 대리적 치리를 의미한다.

정복하고 다스리라는 것은 히브리 어원적으로 '섬기고 보존하라'는 뜻이다. 땅의 보호자, 관리인, 보존자로서의 청지기의 사명에 해당된다. 이런 청지기직은 인간에게만 해당되는 것이 아니라 모든 형태를 가진 생명체와 모든 자연 자원에까지 확장되어 부여된다.

3. 성경은 자연계의 상태를 어떻게 묘사하고 있습니까? 로마서 8장 22절을 찾아 적고 그 의미를 이야기해 봅시다.

> 〈롬 8:22〉
> 피조물이 다 이제까지 함께 탄식하며 함께 고통을 겪고 있는 것을 우리가 아느니라

피조물 전체, 인간과 자연세계가 탄식하며 고통 가운데 있다.

초대교회 시대에도 자연세계의 고통과 탄식이 있었겠지만 오늘날에는 그 정도가 더욱 심각해졌다. 자연세계의 탄식과 고통이 과거와 비교할 수 없는 수준으로까지 심화되어서, 인류의 미래를 결코 낙관할 수 없는 상황이 되어 버렸다. 인간세계와 자연이 고통하며 탄식하게 된 이유는 인간이 허무한 것(무한한 욕심, 재물, 쾌락, 명예 등)에 굴복하기 때문이다.

인류 최대의 자연적 재앙이라 할 수 있는 노아의 홍수 기사에서 하나님은 자연을 심판하셨다(창 6: 1-7). 창세기 6장 5절 말씀에 기록된 것처럼 사람의 죄악이 세상에 퍼지고 인간이 가진 생각과 계획이 항상 악하기 때문에 하나님은 인간과 자연을 자연재앙인 홍수로 심판하시게 되었다. 이러한 자연재앙은 자연 자체의 잘못

이라기 보다는 본래 인간이 저지른 죄악 때문에 발생했다. 더 나아가 인간이 만든 환경오염 때문에 자연이 역으로 인간에게 재앙으로 대답하고 있다.

자연과 화해하기

1. 인간은 지구상 모든 피조물에 대한 청지기라고 할 수 있습니다. 이러한 사실을 두고 볼 때 현재 지구 전체가 경험하고 있는 자연자원 고갈, 이상기후 현상(온난화와 한랭화), 대기와 수질 오염, 오존층 파괴, 종의 감소와 멸종 등의 환경 문제의 근본 원인이 어디에 있다고 할 수 있을까요? 야고보서 1장 15절의 말씀을 찾아 적고 그 궁극적인 원인을 생각해 봅시다.

> 〈약 1:15〉
> 욕심이 잉태한즉 죄를 낳고 죄가 장성한즉 사망을 낳느니라

인간의 욕심이 커졌기 때문이다

인간의 욕심이 지나치게 되어 인간관계가 파괴되고 자연 환경 오염이 가속화 되었다고 할 수 있다. 인간의 욕심은 무한대의 이윤 추구라는 경제 논리와 개발 논리, 그리고 그런 논리에 입각한 인간관계로 나타난다.

2. 파괴된 자연을 살리는 방법은 무엇일까요? 고린도후서 5장 17~18절을 찾아 적고 말씀을 바탕으로 그 방법을 함께 나누어 봅시다.

<고후 5:17-18>
그런즉 누구든지 그리스도 안에 있으면 새로운 피조물이라 이전 것은 지나갔으니 보라 새 것이 되었도다 모든 것이 하나님께로서 났으며 그가 그리스도로 말미암아 우리를 자기와 화목하게 하시고 또 우리에게 화목하게 하는 직분을 주셨으니

인간 중심주의에서 하나님 중심주의로 사는 것, 인간과 세상을 화목하게 하는 존재로 사는 것, 그리스도 안에서 참다운 기독교인의 자세로 살아가는 것 등

우리가 그리스도 안에서 새로운 피조물이 된다는 것은 하나님과의 화해사건이고, 또한 자연환경과의 화해를 통해 새로운 관계를 가질 수 있다는 것이다. 우리는 하나님과 화해하고 동시에 다른 사람과 자연까지도 화해할 것을 요구받는다. 하나님께 나아가는 것이 모든 것을 회복하고 보존하는 길이다.

응답하기

자연을 살리기 위해

1. 인간은 하나님의 청지기로서 자연환경을 보존하고 관리할 책임이 있습니다. 오염된 환경을 다시 회복시킨 아래의 사례를 함께 읽어 봅시다.

난지도 쓰레기 매립장 (1978년 3월~1993년)

쓰레기 하차

쓰레기에서 나온 침출수

(사진 자료)

"난지도 쓰레기 산 위로 쏟아져 내리는 불볕은 저주였다.
그 산에 살아있는 것이 있다면 썩어 가는 일과 썩어 가는 냄새뿐이었다."
정연희, 〈난지도〉中

생태환경 공원 조성 이후

하늘공원

평화의 공원

난지천공원 (사진 자료)

(사진 자료)

월드컵공원(서울시 마포구 소재)은 월드컵 당시 2002 월드컵과 새천년을 기념하기 위해 서울 서쪽에 위치한 난지도 쓰레기매립장을 안정화하여 3,471,090㎡의 면적으로 조성된 대규모 환경 생태공원입니다. 1978년부터 1993년까지 15년간 서울 시민들이 버린 쓰레기로 만들어진 2개의 거대한 산과 넓은 면적의 평매립지, 주변 샛강, 그리고 한강둔치 위에 자연과 인공이 어우러진 공간이 만들어졌습니다.

초기에는 상암지구 새 서울 타운 조성계획과 한강 새 모습 가꾸기 사업을 연계한 밀레니엄 공원으로 계획되었으나, 우리나라의 산업화, 도시화의 부작용으로 나타난 환경오염과 자연 파괴의 상징인 난지도 쓰레기매립장을 생태적으로 건강하게 복원하는 것이 향후 서울의 도시관리 정책에 중요한 의미가 있다고 판단해서 월드컵공원으로 명칭을 바꾸게 되었습니다.

공원 조성계획도 상호공존 및 공생을 주개념으로하고, 당시 환경의 화두였던 '지속가능한 개발'을 반영하여 자연과 인간의 문화가 공존하고, 환경 보전과 환경 이용을 동시에 가능케 하며, 그리고 자연환경과 인공구조물이 조화를 이룰 수 있도록 하였습니다.

월드컵공원은 대표 공원인 평화의공원을 비롯해 하늘공원, 노을공원, 난지천공원, 난지한강공원의 5개 테마공원으로 조성되었습니다. 월드컵공원은 서울 시민과 우리나라 국민들은 물론 외국인들도 즐겨 찾는 세계적인 환경 생태 에너지 테마공원으로 발돋움하기 위해 꾸준히 노력하고 있습니다.

월드컵공원 인터넷 사이트(http://worldcuppark.seoul.go.kr) 소개 참조

2. 환경오염을 막기 위한 자연보호 활동이나 환경운동이 반드시 필요는 없습니다. 한 사람의 개인으로서 실천할 수 있는 일들이 많이 있습니다. 수질오염, 토양오염, 대기오염 등을 막기 위해서 내가 실천하고 있거나, 실천해야 할 일들을 확인해 보고 서로 이야기 나누어 봅시다.

자연을 살리기 위해 해야 할 일들	지금 실천하고 있는 일	앞으로 실천해야 할 일
1. 쓰레기를 함부로 버리지 않는다.		
2. 대중교통을 이용한다.		
3. 가까운 길은 걸어다닌다.		
4. 쓰레기 분리수거를 철저히 한다.		
5. 물건을 가능한 한 아껴서 오래 쓴다.		
6. 안 쓰는 전기 제품의 코드를 빼놓는다.		
7. 물을 아껴서 사용한다.		
8. 음식물을 남기지 않는다.		
9. 일회용품을 되도록 쓰지 않는다.		

(차트 자료)

실천하고 있는 내용들을 확인한 후 실천하지 못한 내용들에 대해서는 서로 권면하도록 한다. 내가 하고 있는 행동들이 어떤 의미를 갖는지를 확인하는 것은 의미있는 일이다. 이 외에도 일상 생활 속에서 어떤 활동들이 환경과 생태계 보호를 위해 의미있는 것인지 소개하도록 한다.

   1) 쓰레기 함부로 버리지 않기: 생태계 파괴(토양의 사막화, 지구의 쓰레기장화, 자연경관 훼손과 토양유실), 농작물 성장 폐해, 인체 질병유발을 막을 수 있다.

2) 대중교통 이용: 자동차는 대기오염, 소음, 자연생태계 파괴, 쓰레기배출, 에너지 소비, 지구환경 등 거의 모든 분야에 걸쳐 중요한 환경오염원으로 등장한다. 대중교통을 이용하면 환경오염을 상당히 해소할 수 있다.

3) 폐품 줄이기: 컴퓨터, 휴대폰, 옷, 자동차, 종이 등을 아껴 쓰면 그만큼 자원을 낭비하지 않게 된다.

4) 전기 아껴 쓰기: 전기는 화석원료나 원자력에서 추출된다. 전기를 아끼면 그만큼 지구온난화 저지에 도움을 준다.

5) 세제나 샴푸 덜 사용하기: 화학 세제는 쉽게 정화되지 않는다. 화학 세제를 덜 쓰는 것으로도 수질오염을 막을 수 있다.

3. 자연환경보호와 생태계보호를 위해서 우리 교회가 할 수 있는 일들이 무엇인지 찾아봅시다. 그리고 실천하기 위해 노력합시다.

①	일회용 컵 사용 자제
②	자가용 운행 자제 운동(교회 올 때 대중교통 이용하기 등)
③	종이 아껴 쓰기

이 외에도 음식물 남기지 않기 운동 등이 있을 수 있다. 각 교회마다 우리들이 환경 보호하기 위해 개선해야 할 사항들이 분명히 있을 것이다. 교회에서 시행하는 생태계 보호 운동이 시민단체에서 시행하는 사회 운동보다 훨씬 구체적이고 실질적일 수 있다는 사실을 명심하고 실천하기 위해 노력하자.

하나님이 그들에게 복을 주시며 하나님이 그들에게 이르시되 생육하고 번
성하여 땅에 충만하라, 땅을 정복하라, 바다의 물고기와 하늘의 새와 땅에
움직이는 모든 생물을 다스리라 하시니라 (창 1:28)

결단의 기도 ....

사랑의 하나님! 전 지구의 생태계가 신음하고 있습니다. 인간이 하나님의
창조세계를 잘 보존하지 못하고 파괴시키는 잘못을 저지르고 있습니다. 우
리가 청지기의 사명을 인식하여 자연을 지키고 자연과 화해하는 삶을 살게
하옵소서. 예수님의 이름으로 기도드립니다. 아멘.

평신도 양육교재
평가하기

평가항목	세부사항	그렇다	그저 그렇다	아니다
인도자의 준비도	인도자는 본 과의 교육목적을 이룰 수 있도록 충분하게 준비했습니까?			
교육목표의 성취도	1. 학습자가 환경파괴 원인을 깨닫고 청지기로서 환경보호와 관리 책임을 다하기로 결단했습니까? 2. 우리 교회 공동체가 환경보호와 생태계 보호를 위해 실천할 수 있는 일들을 확인하고 실천하기로 다짐하였습니까?			
학습자의 참여도	학습자들이 진지하고 적극적인 태도로 성경공부에 임했습니까?			
성경공부의 분위기	성경공부를 진행하는 동안 분위기가 자연스럽고 편안했습니까?			
기타 보완할 점	기타 보완할 점이나 건의사항이 있습니까?			

MEMO

MEMO

MEMO

MEMO